QUADERNI CENNI

STORIA MILITARE DI GENOVA FINO AL 1339

VOL. 1

Acquarelli di Quinto Cenni dalla collezione
di H. J. Vinkhuijzen

SOLDIERSHOP PUBLISHING

Title: **Storia militare di Genova fino al 1339. Vol. 1. - cod. QC010**
By Matteo Radaelli & Luca Stefano Cristini. Tavole a colori di Quinto Cenni. First edition by Soldiershop.
Cover & Art Design: Luca S. Cristini. And Anna Cristini
ISBN code: 978-88-93271080 codice e collana Soldiershop Quaderni Cenni (QC003)

Published by Soldiershop publishing, via Padre Davide, 7 - 24050 Zanica (BG) ITALY. www.soldiershop.com

STORIA MILITARE DI GENOVA
FINO AL 1339

VOLUME 1

QUADERNI CENNI

▲ Genova in una incisione del 1483 di Michael Wohlgemuth da *Il Liber Chronicarum* di Hartmann Schedel

Prefazione

Prima di procedere alla lettura del manoscritto ed alla visione delle (bellissime) tavole che Cenni dedica alla Repubblica di Genova è necessario spendere qualche parola introduttiva a proposito del modo in cui è stata condotta la trascrizione.

In questo volume viene presentata la parte di manoscritto che racconta la storia di Genova dall'antichità alla metà circa del XIV secolo. Nel corso del mio lavoro ho cercato di mantenermi il più possibile fedele al testo originale, peraltro assai scorrevole e facilmente fruibile; qualche piccolo intervento ed alcune modifiche, tuttavia, sono stati necessari.

Anzitutto una precisazione fondamentale: questa storia di Genova redatta da Cenni, chiaramente, non è uno studio storico critico, approfondito ed attuale. Il pittore si rifà alle cronache più antiche limitandosi ad estrapolarne i dati, che di tanto in tanto correda con qualche sua osservazione. Le parti relative ai secoli XIII e XIV sono compilate come fossero degli annali: all'indicazione dell'anno segue una breve descrizione dei principali avvenimenti.

Lo scopo principale del manoscritto, evidentemente, è quella di fornire al lettore una breve sintesi della storia della Repubblica di Genova per favorire una visione delle tavole più consapevole ed informata; la funzione del testo pertanto, rimane a mio parere ancillare rispetto alle illustrazioni. Ciò stabilito, vanno specificati i criteri che sono stati seguiti relativamente alla forma del manoscritto.

Per quanto riguarda le lettere maiuscole, ho scelto di non utilizzarle con i nomi dei popoli (cosa che Cenni fa in modo molto vario), di mantenerle, o aggiungerle, con le cariche o i titoli (quindi il lettore troverà ad esempio Vescovo, Imperatore, Podestà, ecc…) ed, ovviamente, con i nomi propri. Le figure e le immagini che Cenni disegna talvolta per corredare le sue osservazioni sono state puntualmente riportate, così come le sue note a piè di pagina; per distinguerle dalle note da me aggiunte il lettore troverà sempre, per queste ultime, l'indicazione **(ndc)**.

Il pittore fa anche un uso piuttosto ampio delle virgolette, che io ho deciso invece di togliere, dove possibile; ho anche omesso, per semplici ragioni di gestione dello spazio disponibile, i titoli dei paragrafi, che Cenni indica nella colonna di sinistra del suo testo.

Le parole desuete (per esempio *"sopravegliare"* per "sorvegliare"), oppure le espressioni rare (come *"intieramente"* per "interamente") sono state perlopiù mantenute, nella speranza che ciò non influisca negativamente sulla piacevolezza della lettura; dato che il manoscritto risale all'inizio del XX secolo, ho ritenuto potesse essere interessante e curioso avvicinarsi alla stile di scrittura dell'epoca. La punteggiatura non segue quella originale, ma è stata rimaneggiata per garantire una maggiore scorrevolezza del testo.

Tutte le tavole sono numerate nel modo in cui aveva stabilito Cenni; nel caso in cui egli abbia anche descritto in modo approfondito la scena presentata in una di esse, le sue parole sono state tolte dal testo e riportate nella didascalia della tavola corrispondente. Le descrizioni di tavole non presenti nell'archivio della NYPL, o non ancora digitalizzate, non sono state riportate.

Le tavole prive di descrizione sono invece corredate da una didascalia da me redatta.

Infine, qualche precisazione sulla completezza del manoscritto. Il lettore troverà due parti che raccontano la storia antica di Genova: la prima prosegue con l'alto medioevo e giunge sino all'inizio del periodo podestarile (fine XII secolo), mentre la seconda si interrompe con l'arrivo dei longobardi in Italia (568 d.C.), mancando le successive pagine.

Non è chiaro quale dovesse essere lo scopo di quest'altra parte nelle intenzioni di Cenni, essendo peraltro le informazioni ivi contenute piuttosto simili a quelle riportate nella prima.

Vi è anche una seconda lacuna nelle pagine disponibili sul sito della NYPL, corrispondente agli anni successivi all'inizio del periodo podestarile, fino al 1227.

Matteo Radaelli

QUINTO CENNI
Un soldato che non fece mai il soldato…

Il nostro più grande e prolifico artista militare, Quinto Cenni nacque a Imola, all'epoca sotto il Regno Pontificio, il giorno di Pasqua 20 marzo del 1845 dall'avvocato (o dottore causidico nel volgo emiliano) Antonio e da Maria Sangiorgi, in una famiglia di solide tradizioni cattoliche, patriottiche, ma anche liberali (un cugino, il capitano Guglielmo Cenni, fu infatti un valoroso volontario garibaldino).

Quinto di nome e di fatto, era infatti il quinto dei dieci figli, i più morti prematuramente, che la famiglia Cenni ebbe. Trascorse i primi anni e compì i primi studi nella cittadina romagnola. Ancora ragazzino sviluppò una passione innata per il disegno ritraendo da subito quello che saranno i suoi soggetti per antonomasia, i soldati ! E in quegli anni ritrae principalmente quelli che gli passano sotto gli occhi; militari austriaci e pontifici che attraversano le polverose strade del paese. Alla prematura morte del padre, avvenuta nel 1856, la numerosa prole venne in parte dispersa, e in un primo tempo pare si chiudano per Quinto le possibilità di intraprendere gli studi di disegno, finche si trasferì con un fratello e una sorella a Bologna. Ed è qui, dopo varie tribolazioni, che il nostro consolida la sua vena artistica presto indirizzata negli ideali studi di pittura resi possibili da un generoso sussidio concessogli dalla amministrazione della sua città natia.

Nel 1864 perde anche la madre. Nel 1867 consegue finalmente il meritato diploma e lo stesso anno Cenni si trasferì a Milano che diverrà sua città d'adozione. Sempre del 1867 è il suo primo lavoro noto, oggi purtroppo scomparso, intitolato: "la tumulazione del generale inglese Moore, dopo la battaglia della Coruna in Ispagna".

Nella capitale lombarda egli si perfeziona nella tecnica dell'incisione, iscrivendosi ai corsi di xilografia e litografia dell'Accademia di Brera dove nel 1870 fu premiato per la litografia. Sono di questi anni gli esordi di quella poliedrica e monumentale attività dell'artista nel campo dell'illustrazione grafica. Dapprima collaboratore del periodico Emporio pittoresco, di cui fu il primo illustratore di soggetti a carattere storico-militare, disegnò poi per varie altre riviste come La Cultura moderna, La Lettura Epoca, L'Illustrazione italiana, La Rivista illustrata, Lo Spirito-folletto ed Emporium.

Oltre a lavorare per le riviste si dedicò anche all'illustrazione di libri, come *Niccolò de' Lapi* di Massimo d'Azeglio. la strada è ormai tracciata, Cenni prosegue infaticabile nei suoi progetti artistici ed editoriali, Nel 1870 pubblica il corposo *Custoza 1848-1866* e il numero unico *I Bersaglieri*, dedicato al famoso corpo di fanteria nel cinquantenario della sua costituzione. Negli stessi anni videro la luce anche gli album *L'esercito italiano, Eserciti europei* e *Gli eserciti d'oltre mare* editi tutti da Vallardi. Libri oggi molto ricercati da collezionisti di tutto il mondo. Questi primi vennero seguiti da *I Granatieri* (1887), *Nizza cavalleria, I Carabinieri Reali* (1894), *Cavalleggeri Saluzzo, Lancieri di Firenze* (1898 e 1900), *Avanti l'artiglieria* e *Il Genio militare*.

Quasi sempre editi da Vallardi, ma compaiono anche i primi tentativi di editare direttamente col nome Cenni! In questa nuova veste anche di editore, Quinto Cenni rompe gli indugi e nel 1887 fondò a spese sue *L'Illustrazione militare italiana*, illustrata con tavole e disegni militari. Impresa questa che durò per oltre un decennio terminando appunto nel 1897.

L'Illustrazione militare italiana valse al Cenni numerosi riconoscimenti, incarichi e una certa notorietà anche fuori dai confini nazionali. l'opera, la più importante realizzata del Cenni rappresentò quanto di meglio si pubblicava allora in Italia in merito alle tradizioni, la storia e la composizione dell'Esercito Italiano. Cenni sperò che questa pubblicazione potesse essere fonte di quel guadagno che gli era venuto a mancare per i dissidi con l'editore Treves.

Il periodico fondato da Cenni, come detto fu accolto con grande favore e diffuso in vari Paesi, dove ebbe abbonati, corrispondenti e collaboratori. Il governo portoghese gli conferì la prestigiosa onorificenza dell'Ordine militare di Cristo. La pubblicazione gli diede molte soddisfazioni, ma purtroppo non quelle economiche.

Ricchissima di notizie, anche relative a viaggi ed esplorazioni. Molti gli articoli di storia militare in particolare relativi a episodi risorgimentali. Fu sempre a seguito di questa opera che il ministero della Guerra italiano gli commissionò un album illustrato sulla campagna del 1859, che venne poi pubblicato a cura dell'Ufficio storico del Corpo di Stato Maggiore col titolo *Album della guerra del 1859*. A questo importante lavoro seguirono poi il numero unico *Aosta la veja*, *l'Atlante militare dedicato alle uniformi degli eserciti europei del tempo*, e *L'Esercito italiano nella nuova divisa* (uniformi del 1910). Tra il 1912 e il 1913 lavorò all'*Album della guerra italo-turca e della conquista della Libia* che fu il primo lavoro italiano di questo tipo pubblicato a dispense, poi riunito in unico fascicolo. Nonostante l'enorme amore e trasporto per le divise e le uniformi, oltre che per tutti gli aspetti della vita militare, Quinto Cenni, il romagnolo naturalizzato milanese, che dedicò tutta la sua vita all'illustrazione del costume militare non vestì mai l'uniforme, non fece mai il soldato. Fu però di fatto un accasermato, poiché non perdeva occasione per stare attorno o nei dintorni di qualsivoglia struttura militare. Sempre molto vicino ai soldati che ritraeva di continuo, passando interi pomeriggi all'interno delle caserme dove, vista la sua fama consolidata, aveva ormai libero accesso, sempre accolto con estrema simpatia.

Quinto Cenni morì in piena prima guerra mondiale il 13 agosto 1917, dopo aver vissuto praticamente tutte

le fasi risorgimentali del nostro paese, nella sua casa di proprietà di Carnate in Brianza mentre instancabile stava lavorando alla sua ultima serie dedicata ai Ducato di Modena e Ducato di Parma per il dottor Gustavo De Ridder e per il medico olandese H. J. Vinkhuijzen.

L'opera di Cenni

La vastissima produzione artistica di Quinto Cenni è oggi custodita in parte dalle Istituzioni pubbliche e in parte da numerosi collezionisti privati sparsi per tutto il mondo. In Italia, presso il Museo Nazionale di Castel S. Angelo a Roma sono conservati 288 acquarelli. Questi sono in gran parte gli originali donati dagli eredi Cenni all'allora Presidente del Consiglio Mussolini. Il Museo del Risorgimento di Milano a sua volta conserva oltre un centinaio di acquarelli sui volontari del Risorgimento.

Anche la Pinacoteca civica di Imola conserva qualche campione del suo illustre concittadino..

Ma è soprattutto l'Ufficio Storico dello Stato Maggiore dell'Esercito a possedere la gran massa dei lavori del Cenni. Oltre all'archivio privato dell'artista, una raccolta di moltissimi documenti divisi in vari volumi, dove Quinto e il figlio Italo dopo di lui hanno raccolto appunti e disegni sulle uniformi, sulle armi e sugli eserciti di tutto il mondo e tutte le epoche. Denominato Codice Cenni esso è costituito dalla raccolta dei lavori del Cenni realizzati fra il 1867 e il 1917. Unica nel suo genere, questa preziosa e irripetibile collezione si compone di venticinque album. Sono migliaia di soggetti in più di duemilacinquecento fogli, "soldatini" bellissimi e coloratissimi.

Vere e proprie pere d'arte nelle quali la cura del particolare e la puntigliosa descrizione degli oggetti di corredo e delle varie parti delle uniformi vengono fissate e arricchite spesso da commenti in lapis dell'artista a piè di pagina. Questo enorme dossier contiene anche migliaia di lettere, fogli, cartoline, blocchi per appunti, pagine di quaderno ricoperti di una scrittura inconfondibile, stralci di regolamenti, repertori militari, prescrizioni, opuscoli e circolari; molti fogli riportano schizzi, disegni, bozze di lavori e altro prezioso materiale fondamentale per ogni studioso di uniformologia.

La collezione Vinkhuijzen

Recentemente, 50 acquerelli di Quinto Cenni sul Ducato di Parma al tempo di Maria Luigia, dei quali non si conosceva l'esistenza, sono comparsi in mostra al Museo di New York. Essi facevano parte della grandiosa collezione del già citato medico olandese H. J. Vinkhuijzen. Questi, un appassionato cultore di iconografia militare era un contemporaneo del Cenni, visse infatti fra il 1940 e il 1910.
Collezionista eccentrico, il Dr. H. J. Vinkhuijzen, iniziò la sua carriera come medico dell'esercito olandese fino a diventare medico ufficiale di corte del principe

Alessandro dei Paesi Bassi. La sua vasta collezione arrivò a contare oltre 32.000 soggetti. Moltissimi e pressoché sconosciuti quelli realizzati espressamente per la sua collezione da parte di Quinto Cenni. Dal 1911 la collezione è stata donata alla New York Public Library dal sig. Henry Draper erede del medico olandese. Ed è questa collezione a costituire la gran massa dei **Quaderni Cenni** che Soldiershop ha in corso di pubblicazione. Ogni immagine ha subito una rigorosa pulizia e ri-classificazione per fornire agli appassionati di storia militare e costume un opera complete e agevole, di notevole importanza per gli studiosi di uniformologia e non solo.

Cenni pittore ?

Quinto Cenni, pur avendone le possibilità non si dedicò praticamente mai al lavoro su tela, all'attività di pittore classico. Del Cenni infatti non esistono quadri famosi, preferendo egli dedicarsi di gran lunga al disegno, all'incisione e all'acquerello. Fra le poche opere note, la Galleria d'arte moderna di Milano conserva l'acquerello *Cannoniere al pezzo*. Nella Pinacoteca civica di Imola si può ammirare un suo Ritratto ma si tratta di un opera del figlio Italo. Sono noti alcuni quadri che l'artista romagnolo preparò per alcuni concorsi come quello a Milano del 1872 con il quadro *Il combattimento in Piazza Vendôme a Parigi tra Versagliesi e Comunardi* e nel 1881 all'Esposizione nazionale di Belle Arti con *La battaglia di San Martino*. Quinto Cenni fu sostanzialmente uno studioso entusiasta della complessa materia dell'uniformologia, materia che in Italia ha sempre avuto pochi cultori e specialisti,

▲ Il collezionista e medico olandese H. J. Vinkhuijzen, amico e mecenate di Quinto Cenni presso il quale acquistò centinaia di tavole originali dedicate principalmente agli stati italiani pre-unitari ma anche all'esercito del Messico

◄ Italo Cenni, Ritratto di Quinto Cenni nell'atto di scrivere, olio su tela (Musei Civici di Imola)

BIBLIOGRAFIA DI QUINTO CENNI

- Custoza 1848-1866, Album stroico artistico militare, Milano, 1878
- L'Esercito italiano - Schizzi militari, Album, Milano, 1880
- I Bersaglieri, Numero unico, 18 giugno 1886, Milano, 1886
- I Granatieri, Numero unico, Milano, 1887
- La commemorazione del 1° decennio della morte di Re Vittorio Emanuele II, numero unico pubblicato da L'illustrazione militare italiana, Milano, 1888
- Aosta "la Veia", Numero unico, 1890
- Nizza cavalleria!, Numero unico, 1890
- Piemonte Reale cavalleria, Numero unico, 1892
- I Carabinieri reali, Numero unico, 1894
- L'Artiglieria italiana nelle guerre napoleoniche, Roma, Voghera, 1899
- Avanti l'Artiglieria!, Numero unico, 1904
- La Guerra Italo-Turca 1911-1913, Album illustrato
- La campagna del 1859, Album illustrato
- 1849: Assedio di Roma, Foglio m 1,05x0,69
- I Battaglioni della Speranza 1797-99, 1848-49, 1859-60, in Lettura, 1916

Diresse e illustrò L'Illustrazione Militare Italiana dal 1887 al 1897

Opere illustrate

- B. Lencisa, Pasquale Paoli e le guerre di indipendenza della Corsica, Milano, Vallardi, 1890
- P. Moderni, L'assedio di Roma nella guerra del 190.., Milano, La Poligrafica, s.a.
- Alessandro Manzoni, I Promessi Sposi
- Massimo D'Azeglio, Ettore Fieramosca
- Massimo D'Azeglio, Niccolò de' Lapi
- Francesco Domenico Guerrazzi, L'assedio di Firenze

▲ Lo scontro della Meloria del 1284, storica battaglia navale che vide coinvolta la flotta della Repubblica di Genova e quella della repubblica marinara di Pisa. Incisione litografica, impressa dal noto litografo genovese Armanino,edizione della metà dell'800.

APPUNTI ILLUSTRATI SULLA STORIA MILITARE DI GENOVA

Tratti dal Regio Archivio di Stato di Genova, dagli Atti della Società Ligure di Storia Patria e da ogni altra opera sullo stesso argomento. Da Quinto Cenni E da lui ordinato cronologicamente ed illustrati per commissione ed a spese del Dr. Cav. H. J. Vinkhuizen Medico in Aia

PROLOGO

La storia, colle sue auree pagine, non ha potuto risalire finora oltre i 3000 anni avanti Cristo. Al di là di questa data tutto sarebbe ancora tenebre e silenzio se un scienza, la geologia, non fosse venuta da poco tempo, ma molto opportunamente, in suo soccorso.

Questa scienza, rovistando con grande amore ed intelligenza negl'imi recessi del nostro sottosuolo, ha potuto esporci con dati precisi ed inappuntabili la storia della Terra anzitutto, poi quella dell'uomo. Essa ci ha detto che la Terra è vecchia di migliaia di secoli e che, di questi, 80 almeno ci dividono dalla prima schiatta umana che lasciò le sue impronte in quello strato di terreno che conta appunto una tale età. Le prove di ciò stanno non solo nelle ossa dell'uomo medesimo – le prime trovate dopo tanti altri strati più antichi, non ricchi di altro che di ossa di animali strani – ma ancora, e forse più, nelle armi ed utensili che insieme a quelle si trovarono frammisti e che, grado, grado, si andarono accostando, per forma e per materia, a quelli di uso attuale a misura che gli strati medesimi si avvicinavano, gradatamente innalzandosi, a quelli formanti il terreno che oggi noi calpestiamo. Per tal modo, logicamente ragionando, si è potuto ricostruire – idealmente – la fascia della Terra quale fu nei diversi periodi della sua antichissima esistenza e si è potuto fissare con qualche approssimazione l'epoca della comparsa dell'uomo sulla medesima, datandola da ben 30 secoli avanti quella cui solo ha potuto giungere la storia.

Ora, le indagini della benemerita scienza portano a far ritenere per cosa quasi certa che la forma generale della Terra, e quella particolare della nostra penisola e delle isole che la contornano, non fossero gran fatto diverse, all'epoca della prima comparsa, conosciuta, dell'uomo, da quello che ora sono, se se ne toglie la maggior copia delle acque, che assai più largamente d'oggigiorno la ricoprivano, e la più fitta vegetazione, che la adornava dappertutto come una continua, inestricabile selva nella quale la mano dell'uomo non aveva ancora potuto portare la sua impronta intelligente ed opprimente.

Dunque la nostra penisola, e con essa quella sua parte della quale più particolarmente dobbiamo trattare, presentavano, poco su, poco giù, l'aspetto medesimo che oggi presentano, salvo che gl'attuali laghi erano piccoli mari interni, i fiumi, i torrenti ed i ruscelli larghi scoli intermediari fra quelli ed il mare, e le montagne intermedie non altro che fitte boscaglie e dirupi. I primi uomini quindi che abitarono una simile terra dovevano essere sparsi a piccoli gruppi molto lontani gl'uni dagl'altri, quindi senza comunicazioni fra loro, senza società, senza commercio. Di tutta l'attuale Liguria il punto di Mentone soltanto ci offre qualche ricordo di ossa d'uomo e di quelle armi ed utensili di pietra, non levigata ma scheggiata giù alla meglio, che esso uomo adoprò per suo proprio uso per un lasso di tempo che i geologhi valutano a 10 secoli – e che chiamarono appunto Età della pietra scheggiata. In tale età l'uomo, quello almeno che abitava il mezzogiorno d'Europa, sembra appartenesse ad una schiatta che ora troverebbe ancora i suoi ultimi rappresentanti fra gl'eschimesi[1], e che andavano coperti di pelle di animali. Un nuovo strato di terreno, più giovane di altri 10 secoli, mostrò all'intelligente attenzione degli scienziati strutture di uomini più alti e meglio costrutti dei primi ed insieme armi ed utensili, pur sempre fatti di selce, di legno o di corno ma molto meglio tagliati e levigati con artistica sapienza; nonché, infine, qualche vestigia di tessuti per vestiario. Insieme a tutto questo gli scienziati intravidero pure, dalla collocazione in luoghi molto più bassi di certi giacimenti di ossa ed utensili, che le acque si fossero in tale, non breve, periodo di tempo di molto abbassate, così da dedurne la conseguenza naturale che i vari e radi gruppi di popolazione avessero trovato modo di aumentare di numero, di avvicinarsi e di vivere in un certo consorzio, fecondo sì di molti e forti attriti, ma insieme anche di utili innovazioni all'arte del ben vivere. E poiché colla nuova razza che loro si presentava non si vedeva più frammisto alcun avanzo dell'antica, dedussero anche da questo che la razza antica fosse stata sterminata affatto dalla nuova razza, forse in ragione stessa della grande diversità fra le medesime, ché, mentre la prima somigliava in tutto all'attuale eschimese e groenlandese, la nuova razza aveva tutti i caratteri della bella razza bianca caucasea *(sic)*. Un'unione, anche semplicemente di forma, fra due razze tanto diverse, non poteva sussistere, indi l'esterminio *(sic)* della prima da parte della seconda, meglio organizzata, più intelligente e più fortemente armata.

Stando quindi a tali supposizioni che, per noi almeno, hanno tutta la probabilità di esser veridiche[2], la nostra attuale Liguria, spopolata e piena d'acqua sul principio, ma col sistema montagnoso quale è ancor oggi, andò, coll'abbassarsi di quelle, grado, grado, popolandosi, fino a che, in un ben triste momento della vita dei nostri poveri aborigeni, comparve dal lontano ovest una fitta schiera di piccole imbarcazioni, montate da uomini bianchi colle lunghe chiome nere e stranamente vestiti, i quali, sbarcati, supponiamo, nel golfo che oggi forma il porto di Genova, ne cacciarono gli aborigeni medesimi, spargendo dappertutto il terrore e la morte.

Poi, dopo altri 10 secoli, codesti uomini, trovato il bronzo, il rame ed altri consimili metalli, ne formarono armi, ornamenti ed utensili; adattarono sostegni più forti alle loro abitazioni; indovinarono il morso per costringere il cavallo alla obbedienza verso l'uomo, tralasciando di servirsene soltanto come cibo, e, potendo maneggiare a capriccio questa forte e malleabile materia, la fecero pur anche servire a formarne armi di difesa come elmi e scudi, facendo ancora un altro passo avanti, e non lieve, nell'arte di sopperire meglio ai propri bisogni.

In progresso di tempo, gli scavi fatti dai scienziati indussero questi a chiamare Età del bronzo quella che videro (nello strato corrispondente del nostro sottosuolo) cosparsa di armi ed utensili di siffatto metallo e la durata ne fu da essi fissata a 20 secoli, entrando così ben 10 secoli nel primo ambito della storia. La quale, difatti, cominciando le sue severe annotazioni a 3000 anni avanti Cristo, veniva già ad averne occupato 10 di questa terza età.

A quest'epoca – a 30 secoli dall'Era volgare, cioè avanti Gesù Cristo – il resto della penisola, che poi fu detta Italia, era di già popolata da molte e diverse schiatte, discese dal lontano nord, e forse i

---

1   Vedi Figuier, *La Terra prima del diluvio* e *L'uomo primitivo*; nonché *Le razze umane*.
2   Molti intelligenti geologi *(sic)* tacciano di romanzesche le supposizioni e conclusioni scientifiche del Figuier, ma poi ai sistemi suoi non contrappongono verun proprio sistema che valga a combatterle e vincerle; onde noi ci teniamo legati ancora a quelli, fino ad un'evidente prova in contrario.

nostri nuovi uomini, malgrado l'ostacolo non lieve delle montagne, che per tutta la sua lunghezza strapiombano quasi sulle rive della non ancor così chiamata Liguria, avevano intrapreso qualche commercio con quelle, quando, in un'epoca non ben conosciuta ma di poco inferiore ai 30 secoli, una nuova razza di uomini apparve colle proprie imbarcazioni sui lidi della Liguria medesima, ma non sbarcò; o, se sbarcò, fu respinta ed obbligata a prender terra più a sud. Questa nuova razza era quella dei siculi, proveniente dalla Libia, e che era qui pervenuta costeggiando le rive settentrionali dell'Africa, le orientali dell'Hiberia e, per ultime, quelle meridionali della Gallia. Ma quietavano appena i nostri secondi abitatori dall'impressione penosa avuta da tale improvvisa apparizione, che tosto ne sopravvenne un'altra, dallo stesso lontano occidente e simile nell'aspetto

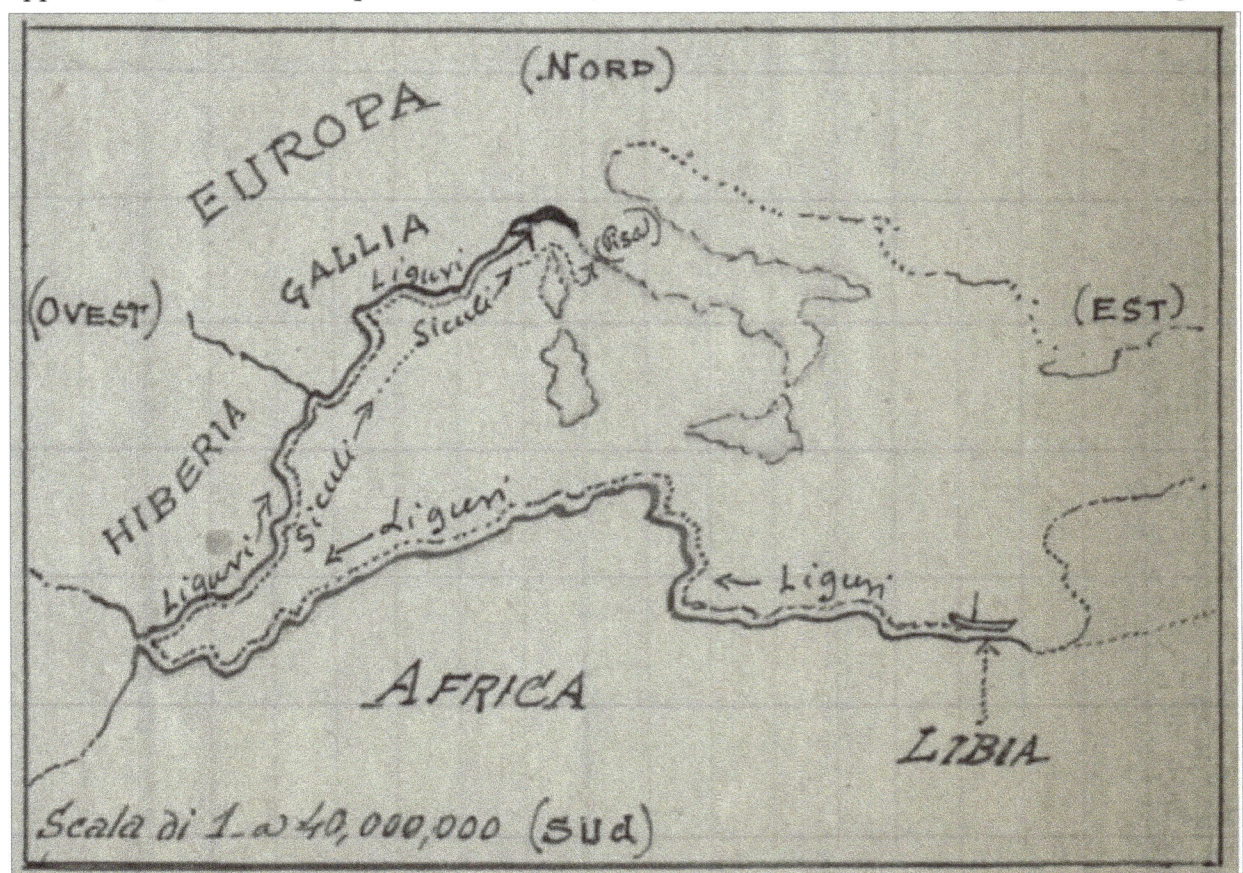

▲ Movimento delle popolazioni dei Siculi che raggiunsero la Liguria. Schizzo di Quinto Cenni

alla prima. Codesta nuova apparizione fu ancor più terribile della prima poiché i nuovi venuti, sbarcati a viva forza, presero possesso di tutto il territorio cacciandone gl'abitatori al di là dei monti, ove pure li perseguitarono fino all'incontro di un gran fiume, che più tardi fu detto "Padus"[3] e più tardi ancora semplicemente "Po".

---

3   E, più nobilmente, "Eridanus".

I LIGURI E LA CITTÀ DI GENOVA

La nuova razza era pur essa bella e forte, al pari di quella che essa aveva crudelmente cacciato da' suoi antichi possessi. Lunghe e nere le chiome, talché si guadagnò più tardi il nome di "capillata", aveva il colorito forse più oscuro; gl'occhi erano neri, profondi, scrutatori e con neri sopraccigli, largamente arcuati; il naso lungo ed aquilino dava ad essa il carattere della razza araba, carattere mantenuto di poi e che ancor oggi s'incontra non di rado nei moderni liguri dopo 50 secoli circa dalla sua venuta nella penisola. Del rimanente, forte, robusta, ben fatta. Tale era la terza razza abitatrice di questo territorio. Il loro nome fu quello di "liguri", cioè "abitatori della montagna"[4], ma ebbero altre secondarie denominazioni, quali: "intemelii", "ingauni", "epanteri", "genuati", "sabazi", "apuani" per quelli di loro che si fermarono sul litorale e su gl'alti monti che su esso litorale, per tutta la sua lunghezza, strapiombano.

Questi formarono come il primo rango della nuova popolazione, quelli che ne mantennero poi quasi inalterati, per tanto succedersi di secoli, i caratteri fisici e morali, ond'è che, dicendo "liguri", sempre fu inteso e sempre s'intende il popolo rude, forte ed industrioso che abita lo scosceso Appennino ed il suo ripido versante sul mare, e non mai, o quasi mai, quello che dal sommo degl'Appennini scese ad abitare la regione a nord di quelli. Questa parte di liguri, divisa in "vagienni", "casmonates", "statielli", "cellelates" ed anche "taurini"[5], dovette a lungo andare confondersi cogl'antichi abitatori della gran valle padana[6], ed assumerne alquanto le abitudini, il tipo ed il carattere.

Ora vediamo a quale delle sottorazze liguri appartiene il vanto di aver creato Genoa; evidentemente esso appartiene alla sottorazza dei genuati. Ma se è facile dire chi abbia fondato Genoa, non è altrettanto facile lo stabilire quando

▲ Antiche genti liguri

essa fu fondata. Alcuni scrittori hanno fatto risalire tale fondazione a 2000 anni avanti l'Era

---

4   Così pensa Mommsen, ma furono date altre spiegazioni, e cioè: *lly – gues* ("sedentari", o "stabili", da Pellentier), *lly – gour* ("stabiliti presso il mare", da Freret), *lly – gor* ("montaneschi", da Bardetti). I greci li chiamarono "ausoni" e Dionisio li considera come aborigeni, cioè nati sul posto stesso in cui abitavano.

5   Per conto nostro, dubitiamo molto che i taurini fossero di origine ligure. Non avrebbero, ci sembra, fondata Torino sull'altra sponda del Po, o lo Liguria bassa non si sarebbe arrestata sulla sponda destra.

6   Probabilmente Celti.

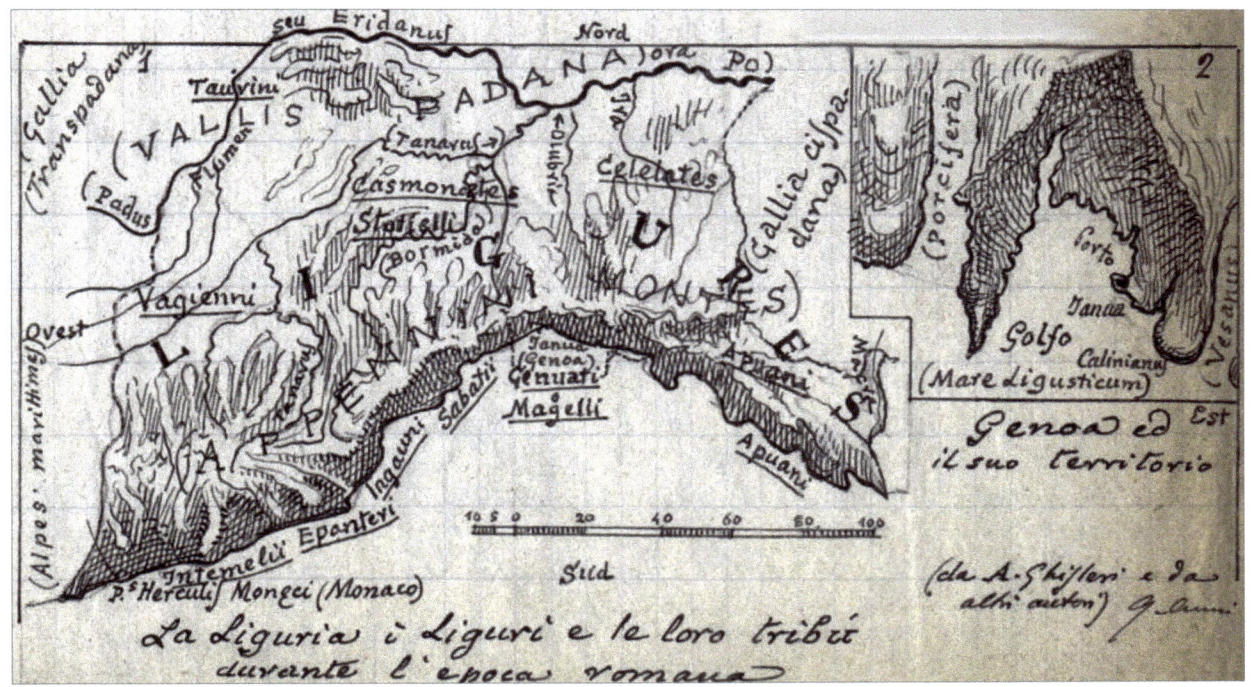

▲ La Liguria in epoca preromana. Schizzo di Quinto Cenni

cristiana, cioè alla fine dell'Epoca del bronzo[7]. Ferdinando Ughelli[8] non la fa più antica di 1753 anni avanti la detta era, e Giorgio Stella[9] si contenta di ancor meno, e cioè di 1555 anni, quindi 15 secoli ed 11 lustri prima dell'era in discorso, vale a dire 35 secoli ed 1 lustro da oggi. Infine i scrittori moderni propendono a ritenerla edificata 46 anni prima di Roma, equivalenti a 707 prima di Cristo[10], ossia a 26 secoli e 12 anni prima dell'attuale 1905. Noi, considerando la sua antica ubicazione nel promontorio che fu poi detto del Castello, ed al quale oggi si appoggia il nuovo molo detto "Giano"[11], e riscontrando in questo promontorio il miglior punto di tutto il golfo che oggi forma il vasto porto di Genova, incliniamo a credere che essa sia sempre stata colà fin da poco tempo dopo lo sbarco dei liguri, giacché questi ebbero certamente bisogno di un centro di riunione e niun posto vi si appalesa migliore di questo per tale intento. Per noi Genova non ebbe epoca fissa di fondazione. Venne su a poco a poco – per la forza naturale delle cose – prima formata di tende e capanne, poi di tuguri di sassi e fango ed alghe marine, infine con solide case di pietra. Questa è la nostra qualsiasi opinione sulla fondazione della città di Genova.

Il fiero e strapotente popolo romano non ebbe notizia dei nostri fieri liguri altro che all'epoca della seconda guerra punica, quando Magone fratello di Annibale prese a viva forza la loro Genoa e l'incendiò. Ma essa presto risorse su quelle rovine, e difese accanitamente la sua indipendenza contro i romani. I liguri, che i romani chiamavano con il nome di "macella" o "magella", o,

---

7   Vale a dire circa 10 secoli dopo lo sbarco dei liguri.

8   Storico e monaco Cistercense vissuto nel XVII secolo, noto soprattutto per la sua *Italia Sacra (ndc)*.

9   Notaio genovese vissuto tra XIV e XV secolo, autore degli *Annales Genuenses (ndc)*.

10   Evidentemente Cenni ha sottratto i 46 anni dalla data di fondazione di Roma anziché aggiungerli *(ndc)*.

11   Unica rimembranza attuale dell'antica favola.

finalmente, di "macela" ("liguri magelli"), stettero in guerra coi romani medesimi per due secoli, dal 290 all'88 a. Cristo. Essi, indomiti sempre, ebbero a soffrire parecchie sconfitta dai romani, e segnatamente nel 290 da Q. Fabio massimo, nel 236 da quel suo omonimo che, primo, ebbe il gran vanto di obbligare Annibale ad andar più guardingo ed a non calcolare più così ciecamente come prima sulla vittoria; poi nel 187 i liguri apuani furono sconfitti dal Console C. Flaminio; nel 185 i liguri ingauni furono debellati da Appio Claudi Pulcro; nel 163 lo furono i liguri stazielli a Caristo, nelle vicinanze di Acqui (Acque Statielle) da Marco Popilio; nel 114 fu la volta dei liguri intemeli e finalmente l'ultima disfatta fu loro fatta subire dal Console Muzio nell'anno 100 a. Cristo. Ma in questo intervallo di tempo essi si ribellarono più volte, cagionando gravissimi danni ai loro formidabili e persistenti nemici, fino a che questi, sempre pronti a rendere giustizia alla bravura dei loro avversari, fecero pace con essi nell'88; e fu pace vera, solida perché basata sulla reciproca stima, e Genova divenne un municipio romano e tale rimase fino alla caduta dell'impero.

Da allora Genoa ed i liguri non fecero più parlare di sé altro che nell'anno 451 della, già in corso, Era cristiana, nel quale anno Genova fu conquistata alla cristiana fede, nella quale poi sempre rimase, dando prove segnalate della sua costanza nella medesima; particolarmente nel fatto d'aver accolto nella sua riposta valle i successivi Vescovi ed Arcivescovi di Milano, fuggenti le persecuzioni ariane, e che vi fecero dimora per 70 anni di seguito. Caduto il romano impero ed innalzato il regno del Re erulo Odoacre sulle rovine di quello (anno 476), Genoa, l'anno appresso, sporse sue lagnanze, a mezzo del suo Vescovo, presso la regia corte, per l'enormità delle tasse che questa le aveva inflitte; e quando, nel 490, Teodorico Re degl'ostrogoti discese nell'Italia per contrastarne il dominio ad Odoacre, Genoa fu tra le molte città italiane che innalzarono il vessillo della rivolta, acclamando per liberatori gl'ostrogoti. Debellati poi interamente costoro dai greci di Belisario (553), essa si adattò senza fatica al nuovo dominio, quasi fosse noncurante della propria dignità, ma, nel fatto, perché ad eruli ed ostrogoti e greci, poco curanti, per la difficoltà delle comunicazioni principalmente, di ciò che accadeva nelle lontane e quasi nascoste riviere liguri, le lasciavano ampia facoltà di attendere ai propri negozi e di creare, e poscia, successivamente, ingrandire, una flotta, che fu una delle glorie militari d'Italia, ed un commercio che successivamente arricchì la città coll'oro d'oriente. Quando poi, nell'anno 568, i longobardi discesero in Italia, essa non fu restia ad accogliere presso di sé i fuggiaschi lombardi e della valle padana, nonché quelli delle sue stesse riviere; ed anzi si fece più forte con essi per modo che per ben 58 anni poté tenere a freno le schiere longobarde che avrebbero voluto assoggettare essa pure al loro proprio dominio. […]

GENOVA E LE SUE MILIZIE DALL'ANNO 800 A.C. AL 1339

LE PRIME ORIGINI

Le origini di Genova, spogliate ormai di tutte le favole che le adornavano ed insieme le confondevano, sono ritenute dai più come anteriori di soltanto 47 anni a quelle di Roma, le quali – come si sa – sono anteriori a lor volta di 753 anni alla nostra Era cristiana. Così Genova sarebbe stata fondata 800 anni precisi avanti Cristo. Suoi fondatori furono i liguri genoati, una delle tribù nelle quali si era diviso il gran popolo ligure dopo il suo arrivo in Italia. Le origini della odierna Città Superba non sono adunque favolosamente antiche, ma sibene lo sono quelle dei liguri, che le diedero la vita.

I liguri formavano una delle grandi tribù della razza ariana, o caucasica, che dagl'altipiani centrali dell'Asia trasportarono le loro sedi nella nostra Europa. Ciò avvenne al tempo della pietra levigata, la seconda cioè delle due Età della pietra, vale a dire 5000 anni a.C. Il loro itinerario, presunto, è rappresentato nello schizzo qui contro, fatto sulla base di ciò che si sa o si suppone dalla maggioranza degli scrittori moderni. Presa terra nel golfo, che dal loro nome fu poi detto "Ligusticus", essi devono naturalmente averne cacciati gli aborigeni, i quali, secondo l'opinione del Figuier[1], dovevano appartenere ad una razza affatto diversa, alla razza mongolica. Resisi i liguri padroni in tale modo del territorio, tosto vi si moltiplicarono, spargendosi a destra ed a sinistra lungo le due riviere e passando ancora al di là del soprastante Appennino. ► Lo schizzo qui contro dimostra i termini di questa loro invasione, le varie denominazioni assunte dalle varie tribù nelle quali essi si divisero e le città principali di ciascuna tribù. Circa la denominazione generale di "liguri", cui il Micali[2] aggiunge quella di "capillati" a motivo delle loro lunghe capigliature, Mommsen[3] la spiega per "abitatori dei monti", mentre Pellentier da *lly – gues* trae "sedentari" od "abitatori

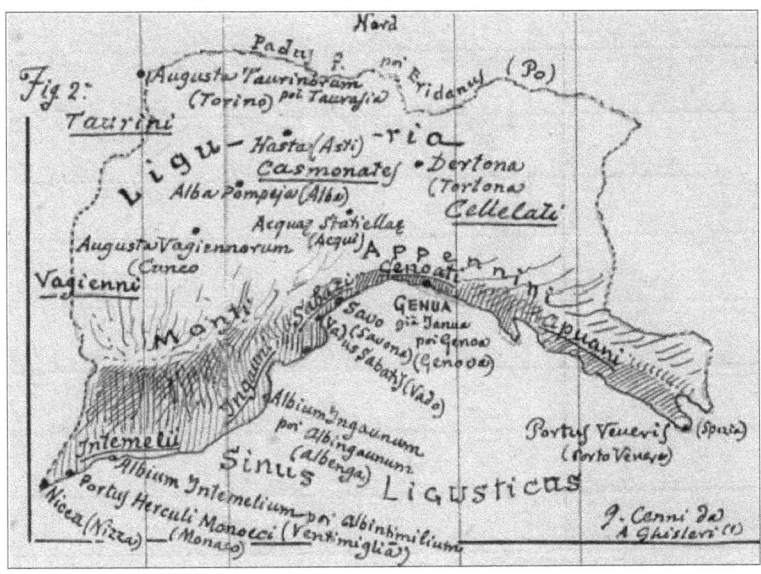

---

1   Louis Figuier fu un noto scienziato e scrittore francese vissuto nel XIX secolo *(ndc)*.

2   Giuseppe Micali fu uno storico ed archeologo italiano, vissuto tra XVIII e XIX secolo ed autore di una *Storia degli antichi popoli italiani (ndc)*.

3   Theodor Mommsen fu uno storico tedesco, vincitore del premio Nobel per la letteratura nel 1902. Il suo lavoro relativo alla storia di Roma fu di importanza fondamentale per lo sviluppo della disciplina *(ndc)*.

stabili"; Freret[4] da *lly – geur* fa nascere "stabiliti presso il mare" e Bardetti[5] da *lly – gor* fa derivare "montaneschi" o "montanari". I greci, cioè gl'ellenici, che erano i gazzettieri dell'epoca, li dissero semplicemente "ausoni". Comunque sia, essi presentavano una bella razza, bruna, forte, con lunghe capigliature nere, sopracciglia arcuate, naso aquilino, mento ovale ed occhi neri e profondi. Chi scrive ha assai spesso incontrato un tipo simile ancora esistente in Genova e che tiene alquanto dell'arabo e non esita a dichiararlo un tipo simpatico e forte. Un popolo forte ed ardito come il ligure, ed abitante per così esteso spazio le rive del mare, non poteva [fare] a meno di mostrarsi ottimo marino *(sic)* e così fu infatti; ma anche in terra egli doveva mostrare speciali attitudini alla lotta, ed anche questo avvenne del pari ed in un modo veramente straordinario. Difatti il ligure seppe far valere la sua superiorità nel trarre d'arco, ed i cartaginesi lo ebbero come arciere nei loro eserciti e di tale superiorità furono sempre famosi in tutto il mondo, fino a che il trar d'arco o di balestra rimase in onore negl'eserciti e cioè fin verso la metà del secolo XVI.

Una così singolare abilità nelle armi meritava bene di essere segnalata e confermata subito in una storia d'indole esclusivamente militare quale è questa nostra, qualsiasi, opera.

Fu precisamente la tribù dei genoati quella che fondò Genova. Questa dapprima fu detta "Ianua" e ciò confuse talmente le menti di alcuni scrittori antichi, che la vollero fondata da un Re Janus, che personificarono nientedimeno che nell'antichissimo patriarca Noè! Poi, arzigogolando sulle parole "Sarzano" (Colle di Sarzano, attualmente Piazza Sarzano) e "Calignanus" (Colle di Carignano) dissero che la prima proveniva da "Arx Janus" (Castello di Giano) e la seconda da "Cherem Janus", ebraico, che vale a dire "Vigna", o "Villa", di Giano. La scienza moderna mandò a picco tutte queste favole, ed ora altro più non resta a ricordarle che la parola latina "Ianua" per Genova ed il Molo Giano, un piccolo molo nuovo che dal Colle di Sarzano[6] s'inoltra per un certo tratto in mare allo scopo di rendere più tranquille le acque del porto.

Roma non conobbe Genova altro che poco meno di sei secoli dalla propria fondazione, cioè nell'anno 183 a.C., e la conobbe sotto il nome di "Magella" o "Macela", ed i genoati sotto quello di "magelli", cioè liguri magelli. Ma già essa aveva cominciato a lottare con essi liguri, gl'appuani per primi, fin da 53 anni avanti, nel 236, e li aveva battuti, ma non completamente, come quelli che erano forti, celeri, arditi e meglio facevano la guerra sparsa della montagna che non quella regolare delle pianure. Inoltre fu detto di essi che era meglio averli amici, perché valorosi e fedeli, che non nemici, perché fieri ed ostinati. Fa poi meraviglia il vedere che essi liguri fossero nemici acerrimi dei romani, cioè di quei romani che erano in lotta coi cartaginesi, una cui flotta, comandata da Magone, fratello di Annibale, aveva poco prima rovinata e distrutta intieramente *(sic)* la loro capitale, Ianua. E farebbe più meraviglia ancora l'altro fatto, che essi prendessero soldo in qualità di arcieri da questi stessi cartaginesi, se non si sapesse che il valore dei vinti serve quasi sempre a rinforzare in qualità d'ausiliario quello dei vincitori, dopo che questi hanno consolidato il loro dominio sopra di quelli. Non si può quindi spiegare questa loro fiera resistenza ai romani se non coll'amore intenso della propria libertà, nonché colla natura loro essenzialmente bellicosa. Tale resistenza ai romani durò fino all'anno 109 a.C., ma l'assunzione di Ianua o Magella a municipio romano dovette avvenire qualche tempo prima, non molto però, quantunque qualche scrittore assegni per tale assunzione l'anno 236.

---

4   Nicolas Fréret fu uno storico francese vissuto tra XVII e XVIII secolo *(ndc)*.

5   Stanislao Bardetti fu uno studioso e Gesuita italiano, originario di Piacenza *(ndc)*.

6   O, meglio, dall'insenatura fra i due colli di Sarzano e di Carignano che un tempo era la foce dell'ora coperto "Rivo Rorbido".

DAL II SECOLO A.C. AL VIII SECOLO D.C.

Per circa sei secoli durò la preminenza romana nella Liguria in genere, e su Genoa in ispecie, ma i documenti storici che riguardano questa non breve epoca sono tanto scarsi che poco o nulla si può ricavare. Si sa soltanto da essi che gl'abitatori propri di Genova e contado erano detti "genoenses" e quelli della Polcévera e di Voltaggio avevano il nome di "genoati". Che il torrente Polcévera era detto Porciphera, poi Porcòbera, ed il torrente Bisagno veniva chiamato Vesanus (ed in appresso "Feritore") e la sua valle, Valle Vesanus.

Genoa non divenne totalmente cristiana altro che nel 451, ma già prima di tal anno aveva avuto i suoi martiri (S. Lorenzo nel 260) ed i suoi Vescovi (il primo fu Diogene nel 381), nonché le sue chiese, e cioè S. Lorenzo (280 circa), S. Marcellino (296), SS. Nazaro e Celso (poi S. Maria delle Grazie) e S. Maria di Castello, tutte e tre ancora esistenti, meno l'ultima che è semplicemente chiusa. Genoa e la Liguria formavano in principio la IX Regione di Roma, poi, in seguito, una regione sola con l'Insubria, che aveva a capitale Milano; onde il vescovado di Genoa apparteneva alla diocesi milanese. Perciò quando si accese la persecuzione ariana contro i cristiani, nel secolo V, i Vescovi di Milano si rifugiarono in Genova e vi stettero per circa 70 anni, contribuendo in qualche modo al suo ingrandimento.

In linea di storia militare, nulla si sa di notevole fuorché essa formava un forte nucleo di abitazioni, non si sa precisamente se già ricinto di mura, e che si addensava sul Colle di Sarzano, avendo per confini ad est la valletta stretta e profonda del Rivo Torbido ed al sud il mare, mentre varie ramificazioni della città si prolungavano lungo il golfo in direzione di ovest e nord – ovest. Quest'ultima circostanza è dimostrata ampiamente dalle successive edificazioni di chiese, quali S. Ambrogio (540), la Basilica dei SS. Apostoli (poi S. Siro, 547), S. Sabina (586), le quali non avrebbero certamente potuto sussistere che in località abitate.

Dei suoi costumi ed abitudini militari, armi ed armamenti si è affatto all'oscuro onde bisogna forzatamente riferirsi a quelli generali, di tutti i popoli, almeno di quelli della penisola, di tali epoche.

Nell'anno 477 cadde l'impero romano per opera di Odoacre Re degli Eruli; questa breve dominazione barbara non lasciò altro ricordo fuorché quello dell'enormità delle sue tasse, contro le quali i genuenses fecero ricorso al loro Vescovo. Ciò dimostra che forse il Vescovo era la maggior autorità di Genoa.

Dal 490 al 553 la città fu controllata dagli ostrogoti. Neppure questa seconda dominazione, relativamente breve essa pure, ebbe effetti speciali – almeno in linea di governo – su Genoa, poiché il suo ingrandimento non ne fu affatto impedito, come lo dimostra patentemente l'assunzione, a cattedrale della città, della Basilica dei SS. Apostoli, situata un buon chilometro ad ovest del nucleo di Colle Sarzano, l'erezione di S. Ambrogio nel centro quasi del colle medesimo ed il pacifico ritorno dei Vescovi milanesi alla loro sede (520). Però nel 537, pericolando le cose degl'ostrogoti, fors'anche per fatto dei liguri, Genoa ebbe a patire un grave saccheggio dai borgognoni, scesi in Italia in aiuto di quelli, ciò che fa pensare che, forse, la città non era ancora munita di mura, o, quanto meno, le mura non proteggevano altro che il nucleo di Sarzano.

Una terza dominazione, quella dell'impero greco (553 – 568), si fece sentire così poco su Genoa che essa non temette, quella durante, di rivendicarsi pienamente, quasi insensibilmente, la sua indipendenza, che dichiarò tosto che l'impero fu atterrato da una nuova invasione barbara:

quella dei longobardi. Questo primo periodo di indipendenza (poiché l'altro, che sussistette fino all'avvento della dominazione romana, non ebbe alcun carattere politico spiccato) durò, come vedremo, sino all'anno 636. Ricca, indipendente, con un commercio assai esteso e con una flotta abbastanza ragguardevole, Genoa fu in grado di accogliere e mantenere i profughi dell'Insubria e delle due riviere fuggenti l'invasione longobarda, e poté anche incutere qualche timore ai longobardi medesimi, che per allora non si arrischiarono a valicare l'Appennino.

Nel 636 il Re Rotari, più ardito o più istrutto de' suoi predecessori, valicò formidabile l'Appennino, cadde rovinoso sulla città, ne abbatté le mura e la ridusse in sua soggezione. Però, tendendo sempre l'egemonia longobarda ad ingraziarsi gl'italiani, il Re non portò più oltre la sua animosità, anzi eresse in ducato la città e lasciò che continuasse nell'ingrandimento della sua flotta e del suo commercio[7].

Né fece diversamente l'Imperatore franco Carlo Magno, il quale, anzi, debellati i longobardi, e cambiato il ducato in contea, contribuì del suo meglio ad ingrandire ed abbellire la città, così che questa, alla caduta del detto impero (800), poté di nuovo dichiararsi indipendente pur mantenendo un Conte franco a capo del suo governo, nel quale eragli compagno – forse non soltanto per le cose della chiesa – il Vescovo della città stessa, che non aveva mai cessato di rimanere, dal 477 in poi, la primaria autorità cittadina.

SECOLI IX E X

Il primo uso, conosciuto, che abbia fatto delle sue proprie forze la città di Genoa, dopo che si fu resa novellamente indipendente, fu quella di una grande spedizione fatta nell'878 a favore del Papa Giovanni VII[8], trattenuto prigioniero dal Duca di Spoleto (longobardo)[9]. Come una spedizione di mare potesse riuscire, contro una città che è posta nel centro della penisola, in mezzo ai monti ed alla distanza di circa 100 km in linea retta dall'Adriatico e forse 150 dal Tirreno noi non sappiamo; ma, vedendo dalle carte del tempo che il ducato di Spoleto toccava, e per lunghissimo tratto, le sponde di quei due mari, noi supponiamo che il Papa fosse prigioniero in qualche luogo fortificato di una delle dette due sponde o che siasi trattato, più che altro, di una dimostrazione armata all'uso de' nostri giorni (*nihil novi sub sole*) colla quale siasi raggiunto l'intento di liberarlo[10]. Fatto sta che egli, il Papa, ne fu liberato e noi, ravvisando in questo fatto storico l'unico episodio di indole militare del quale si abbia certa notizia in tutto questo secolo, gli abbiamo dedicato la Tavola VI.

Questa adunque rappresenta la grande armata genovese che, già salpata dal porto, fa forza di remi verso sud – ovest per raggiungere un qualsiasi punto nel quale il vento la porti poi, col solo aiuto delle vele, nella normale sua direzione di sud – sud – est. La flotta è composta di drumoni *(sic)*, nave da battaglia dell'epoca, proveniente, per il nome, dalla Grecia, e che serve come di passaggio, unitamente al *pamphilo*, tra la svelta liburna romana e l'ancor più svelta galera italiana del medioevo. Noi abbiamo preso questi drumoni da una descrizione abbastanza chiara che si

---

7   Cenni fa risalire all'anno 641 l'elevazione della città a ducato *(ndc)*.

8   In realtà Giovanni VIII *(ndc)*.

9   Lamberto di Spoleto *(ndc)*.

10   Giovanni VIII, in realtà, non era trattenuto prigioniero a Spoleto ma nella stessa Roma; la città era stata invasa dal Duca Lamberto e dal Marchese Adalberto di Toscana, sostenitori di Carlomanno per la successione alla dignità imperiale, mentre il Pontefice favoriva Carlo il Calvo *(ndc)*.

trova in una *Naumachia* dell'Imperatore greco Leone il Filosofo (886 – 912) nonché da un dipinto, viceversa assai poco chiaro, che si trova in una delle sale del Vaticano. Ma il Manzoni, nei suoi celebri *Promessi Sposi* dice che «[…] le tradizioni, chi non le aiuta, da sé dicon sempre troppo poco»[11], e noi perciò abbiamo aiutato così la chiara descrizione dell'Imperatore greco come la non chiara rappresentazione del buon pittore latino del quattrocento[12] e le abbiamo aiutate tanto più facilmente e tanto più volentieri in quanto avevamo un dato di fatto a nostra disposizione, cioè la distanza corta, normale, fra remo e remo. «Datemi un punto di appoggio ed io vi fo girare il mondo», disse Aristotile[13]. Dateci la misura certa di una parte e noi vi daremo quella certa del tutto, rispondiamo noi, e non crediamo di sbagliare.

Durante il IX secolo si contarono innumerevoli scorrerie da parte dei saraceni, conosciuti anche sotto il nome di mori; costoro avevano impreso ad infestare ferocemente le sponde del Mediterraneo, fossero esse italiane, francesi o spagnuole, ed occupavano già le isole nostre, cioè la Sicilia, la Sardegna e la Corsica. Ianua[14], tuttora indifesa per l'abbattimento della sua cinta muraria fatto dal Re longobardo Rotari nel 636 e ricca oltremodo, era una meta agognata da questi veri ladroni del mare e più volte, o col favor delle tenebre o con quello di qualche festività o di un'eventuale assenza della flotta genovese, costoro avevano ordito di sorprenderla e di metterla a ferro e a fuoco. Né gli *ianuenses* si mostrarono tardi nella vendetta perché già nell'880, unendo la propria alla flotta della vicina ed amica Pisa, avevano portato a lor volta la distruzione e la morte sui lidi saraceni della Sardegna e della Corsica. Ma ciò non era valso ad impedire nuove scorrerie di coloro e nuovi danni. Anzi l'audacia dei saraceni andò tant'oltre che nel primo terzo del secolo X ben tre grandi loro invasioni ebbero luogo, delle quali una nel 915 e l'altra nel 935. Quest'ultima poi fu preceduta da un avvenimento straordinario, quello di una fontana della città che una certa mattina fu vista, con gran terrore, gettar molto sangue! Tale avvenimento, unito a quello della successiva grande invasione saracena, è narrato da tutte le cronache dell'epoca, italiane, francesi e tedesche, e possiamo asserire ciò di nostra scienza avendole tutte consultate. Ma sebbene quest'ultima grande invasione sia stata notata da tutti i cronisti e non quella del 915, noi diamo maggior considerazione a quest'ultima perché essa ebbe grandi risultati per la storia militare della città. Infatti i genoesi compresero finalmente che, senza un recinto murario, non avrebbero potuto conservare a lungo la loro libertà e la loro sicurezza e perciò determinarono di tosto iniziarlo. E così mentre la parte, diremo così militare, della città, inseguiva i saraceni fino all'isola Asinara, presso la Sardegna, ed ivi raggiuntili ne menava strage, la parte operaia dava mano, dopo pochi anni (925), all'erezione delle mura, la quale aveva fine dieci anni dopo, cioè nel 935. E se, ciò malgrado, fu appunto in quest'anno, 935, che avvenne la terza grande invasione saracena di cui parlano tutte le cronache europee, e se fu precisamente per opporsi a tali invasioni che venne innalzato, circa l'anno 975, un castello sullo stesso Colle di Sarzano (che era e rimase per molto tempo il vero centro della città) convien desumere da questi due fatti, entrambi ben accertati, due nostre supposizioni e cioè che l'invasione del 935 abbia avuto

---

11   La citazione è tratta dal capitolo XXXVIII *(ndc)*.

12   Cioè del 1400.

13   Evidentemente sovrappensiero, Cenni ha attribuito allo Stagirita una citazione che invece fu di Archimede *(ndc)*.

14   Rammentiamo che a quest'epoca e per 3 o 4 secoli ancora si parlava e si scriveva ancora in latino onde Genova era detta "Ianua" e "ianuenses" i genovesi. Però in dialetto pare si dicesse Zenoa, e Genoa nell'italiano appena incipiente di quei tempi.

luogo nella parte del Vesanus (Bisagno) e di Calignanus (Carignano), in allora poco o punto abitati – e quindi indifesi – ma ricchi di orti, ville e giardini, e sui quali appunto avrebbe avuto buona azione difensiva il nuovo castello; inoltre, che questo castello non sia stato innalzato soltanto intorno al 975 – 80 ma subito dopo l'invasione suddetta, cioè verso la metà del X secolo.

Saremo così in contraddizione colle tradizioni ma a noi pare più logico l'avvicinare di più la data dell'erezione del castello a quella dell'ultima invasione saracena, se pure è vero che esso sia stato eretto per impedire ulteriormente tali invasioni e se, realmente, queste dopo il 935 non siansi più rinnovate[15]. Comunque sia, torniamo ora alla nostra istoria, cioè al 915. In quest'anno adunque Genova e le due riviere, che hanno fatto parte finora della contea della Liguria, entrano a far parte, invece, della gran marca di Lombardia e ciò in seguito alla caduta del grande impero franco fondato da Carlo Magno ed all'insediamento in suo luogo dell'impero germanico. Le contee, succedute ai ducati longobardi, erano una creazione dei franchi. La marca, succeduta alla contea, era invece una creazione germanica. Ma, contea o marca che fosse, Genoa continuava la sua via quasi totalmente indipendente sentendo nulla affatto il freno di questi suoi governatori e poco quello della sua maggior autorità cittadina, che era il Vescovo. Intanto si era venuto creando una specie di seconda autorità cittadina che era quella dei militi, ricchi

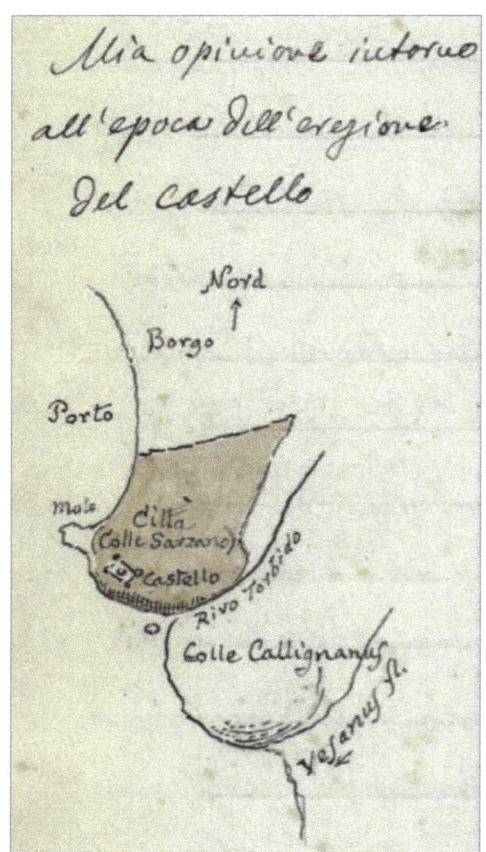

▲ Localizzazione del castello di Genova secondo il Cenni.

cittadini e di alto lignaggio, i quali si distinguevano per un ricco cingolo, dal quale facevano discendere la spada, per i sproni[16] e per il loro servizio allo stato, che era fatto sempre a cavallo. Meno di quarant'anni dopo, cioè nel 952, ai Marchesi succedettero, nel governo della città, i Visconti, rimanendo ai primi il governo generale della marca; e noi chiudiamo questo nebuloso periodo della storia militare di Genova col rappresentare un fatto appartenente al periodo medesimo ma registrato in scarso numero di cronache. Il fatto è questo: il famoso fuoco greco, che tanto fece parlare di sé nelle storie navali di queste epoche ed ancora delle successive, non era usato dalle potenze marittime d'Italia e, per conseguenza, neanche da Genoa, che era seconda soltanto a Venezia in questo ramo di potenzialità; ma se gl'italiani in genere sdegnavano di servirsi di questo mezzo di guerra, ben sapevano come difendersene e la loro difesa consisteva in cappucci, maschere e surcotti (sopracotte) di cuoio verde del quale si coprivano la persona, mentre avevano trovato modo di estinguerlo mediante l'aceto e la cenere che tenevano sempre pronti a tal uopo.

---

15   Infatti, qual azione efficace poteva avere questo castello sulla difesa del porto e del popoloso borgo? Nessuna, perché era troppo lontano dal borgo e troppo impedito dalle case per il porto. La sua protezione non poteva essere efficace altro che per la costa dirupata del sud e per Calignanus.

16   Cioè gli speroni (ndc).

Dieci anni prima che il secolo X finisse il suo corso, Genoa si erige francamente a comune e sceglie per proprio stemma un ippogrifo bianco su fondo rosso, e solennizzava la fine del secolo medesimo assalendo e cacciando tanto dalla Sardegna che dalla Corsica gl'infesti saraceni (anno 999). E noi lo finiamo a nostra volta col dare qui sopra la pianta approssimativa della nuova cinta muraria della città ▼.

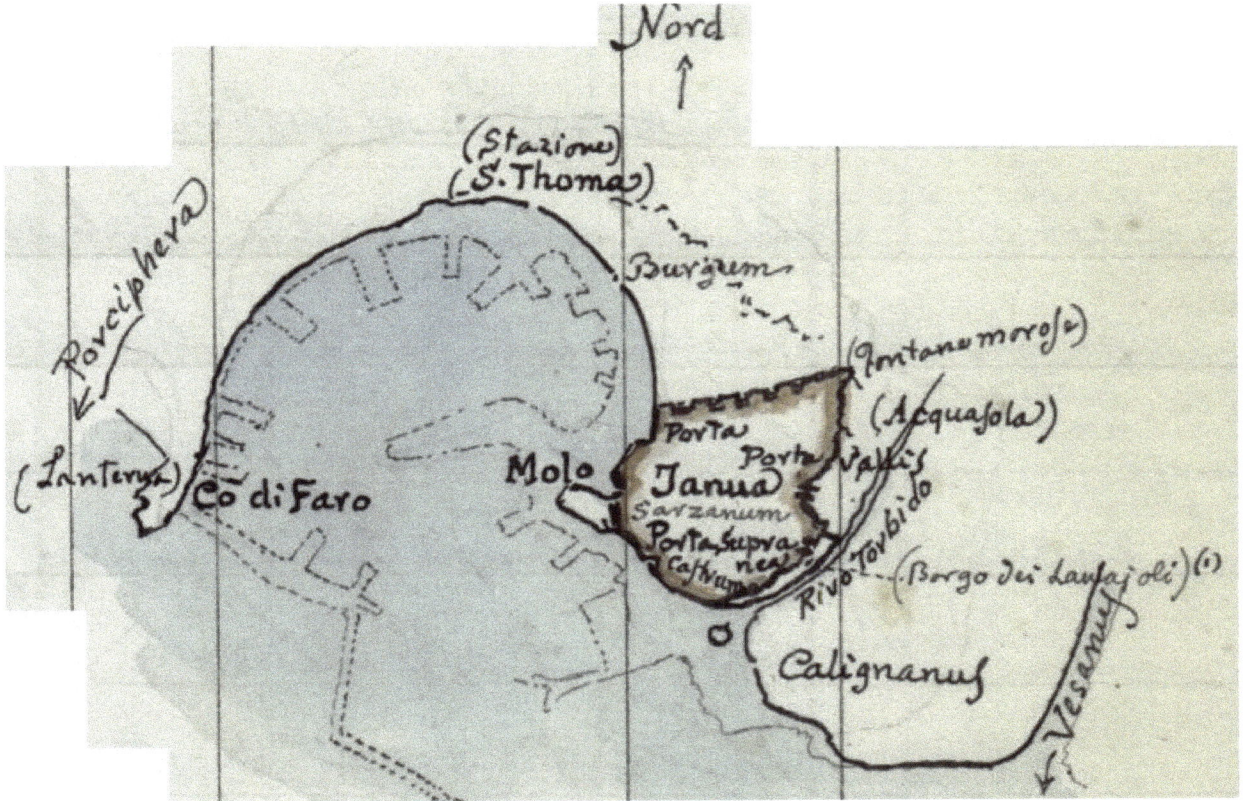

SECOLI XI E XII

Pur ergendosi a comune, Genoa non aveva cambiata integralmente la costituzione interna del suo governo. Vi era sempre il Vescovo e vi erano sempre i militi. Di più esistevano sempre i Visconti quali governatori della città; anzi nel 1052 questi ottennero di essere indipendenti dai Marchesi, i quali erano come Vicari imperiali e non sentirono senza amarezza questa nuova indipendenza da loro dei Visconti. Ma la guerra che Genova ebbe a sostenere coi saraceni, ritornati padroni della Sardegna, mise, per Genova almeno, questi attriti in seconda linea. Essa dové intraprendere, nel 1086 ed in unione ai pisani, una nuova spedizione contro i saraceni, riuscendo a cacciarli di nuovo da quest'isola; e nell'anno seguente li rincorse fino a Tunisi, dove si erano di nuovo rifugiati e dove nuovamente li sconfisse, e nel 1093 veleggiò con 40 galee in Palestina e conquistò Tortosa di Soria[17]. Intanto che questi fatti gloriosi avvenivano sul mare, gli attriti fra i Marchesi ed i Visconti si fecero sempre più vivi in terra, ed alfine Genoa

---

17   L'attuale città di Tartus, in Siria *(ndc)*.

prese, nel 1097, una determinazione che troncò ogni vertenza e la rese finalmente padrona assoluta di sé medesima.

Essa formò, cioè, del suo governo una lega, facendone partecipi il Visconte governatore, il Vescovo ed i militi, ed a questa lega diede il nome di "Compagna". Questa Compagna si giurava per 4 anni, ed era composta tutta di persone influenti e non legate in alcun modo con feudatari, cioè con l'impero. Tali persone si dividevano in tre classi: la prima gli *Utiles*, la seconda i *Vocati*, la terza i *Protecti*, ed il governo della lega o Compagna era tenuto da Consoli, i quali a loro volta si dividevano in due classi; la prima amministrava l'alta giurisdizione e la seconda dirigeva la giustizia, cioè i piati (o le liti) ed era detta perciò: dei placiti. I Consoli duravano in carica un determinato numero d'anni.

Nello stesso tempo fu cambiato radicalmente lo stemma, e la Compagna fu divisa in sette Compagne, una per ogni rione, e cioè:

▲ 1- *Palazzoleum seu Castrum* (Castello) – Colle di Sarzano, nucleo della città antica; 2 - *Platealonge* (Piazzalunga) – Suo declivio a nord, da S. Donato al mare; 3 - *Macagnane* (Macagnano) – Stertta lingua più a nord da S. Andrea; 4 - *S. Laurentii* (S. Lorenzo) – Dai pressi di S. Lorenzo a S. Andrea; 5 - *Portae* (Porta) – A levante del quarto fino all'odierna Acquasola e Fontane Marose; 6 - *Suxiliae* (Zozziglia) – Tutta la cinta nord da Fontane Marose al mare; 7 - *Burge* (Borgo) – Tutta la campagna sparsa di case fino a S. Tomaso.

Ogni Compagna ebbe un certo numero di militi[18] e di soldati. Ecco adunque formato il primo esercito, stabile e permanente, di quella che fu poi la Repubblica di Genova. Ma come era vestito ed armato quest'esercito? Nel 1881 Genova indiceva una grande cavalcata storica, la quale doveva rappresentare la partenza ed il ritorno del contingente genoese per la prima crociata.

---

18   Qui per militi devesi intendere soldati a cavallo, semplicemente. Era la dizione in uso a questo tempo.

La commissione incaricata di dare le norme per tale cavalcata, fatti i necessari studi, inteso il parere degl'archeologi e studiosi, stabilì quanto segue[19]:

1) Pei Consoli, abito civile dell'epoca (alla romana);
2) pei milliti: Embriaco, Musso, de Marini, degl'Avvocati, la gualdrappa e lo scudo secondo lo stemma personale;
3) pei militi di Castello, Cafaro, Falcone, Navaschieri, come sopra;
4) pei militi Carmandino, Basso delle Isole, Roza e Astori, come sopra; Cintraco[20] e suoi littori;
5) pei trombettieri dei rioni o Compagne, drappo della tromba e scudo secondo il relativo stemma (v. Tavola X);
6) pei gonfalonieri (bandiere), lo stemma della rispettiva Compagna e quello del rispettivo milite, quest'ultimo portato da un paggio;
7) per le fiamme[21] delle lance, come alle tavole suddette;
8) per le armature di difesa, maglia, elmo e scudo eguali per tutti, meno l'elmo, che talora è a cono tronco;
9) per le armature di offesa, lance, spade, mazze, balestre ed archi;
10) per il vestiario: per tutti surcotta (sovracotta) bianca a croce rossa.

Mie osservazioni:

anzitutto mi son tenuto in dovere di stare, in massima, alle decisioni della commissione suddetta. Poi ho fatto una variante: ho dato, cioè, a talun pavesario (soldato con lancia e scudo) vesti di panno (sotto la cotta) anziché la maglia e così pure e nella stessa tavola a qualche balestriere, non sembrandomi giusto, date le costumanze dell'epoca, che proprio tutti, tutti fossero coperti interamente di maglia.

Non sono poi del parere che proprio tutti, tutti avessero il coprinaso[22]; quest'uso del coprinaso fu portato dai normanni in Italia nel 1016 e, come uso portato da stranieri, che per il loro straordinario valore facevano tanto dire di sé, può essere benissimo che esso siasi generalizzato, ma che proprio proprio tutti portassero l'elmo foggiato in tal modo non mi pare veramente possibile, molto più che fra gli stessi normanni molti si trovavano che non l'avevano affatto. Io temo che anche nell'ordinare l'armamento e le fogge del vestire di tale cavalcata vi sia stato un poco di empirismo, ed anche un poco di lirismo[23] e di voluta sbadataggine. Ma da questo momento sorge a Genoa una pleiade seguitata di cronisti e di cronache illustrate che ci metterà presto sul

19   Il lettore perdonerà se il seguente elenco risulta alquanto confusionario e non del tutto chiaro; per meglio illustrarlo, Cenni vi aveva abbinato diverse Tavole, le quali purtroppo non sono ancora presenti all'interno dell'archivio digitale della NYPL (ndc).
20   Il Cintraco era un ufficiale cittadino avente perlopiù il compito di leggere i bandi dinanzi al popolo (ndc).
21   Ovvero i guidoni (ndc).
22   Viceversa la commissione lo diede a tutti indistintamente, e così pure la maglia di ferro, forse perché vide nelle illustrazioni delle cronache genovesi dell'epoca l'elmo sempre foggiato con tale appendice e le maglie molto in uso. Genova è povera di cimeli antichi; pur ne ha qualcuno, e se lo avesse consultato forse la commissione avrebbe dato maggior varietà a codesti armamenti.
23   Per esempio, quella grande croce sul petto a tutti è per me un lirismo (cioè una compiacente concessione allo spirito del momento); io però ho seguitato lo stesso esempio, non volendomi azzardare a fare diversamente da ciò che antiquari e studiosi genovesi hanno stabilito.

retto cammino, senza aver più alcun obbligo di scervellarci per trovare la verità vera. Il Cafaro di Caschifellone, più volte console, più volte duce d'imprese militari, cominciò, primo, la sua cronaca dal 1098 al 1163, illustrandole qua e là con schizzi, in margine, quali in nero e quali colorati, e, dopo di lui, vennero: Obertus 1164 – 1174; Ottobonus, scriba, 1174 – 1196; Ogerius Panis, 1197 – 1219; Marchisius, scriba, 1220 – 1224; Bartolomeus, scriba 1225 – 1248 e 1249 – 1264; Lanfrancus Pignollus, Guilielmus de Murtedo, Marinus Ususmaris ed Henricus, Marchio de Gavi, 1264 – 65; ed altri ancora fino al 1294. Abbiamo quindi un ottima scorta per quasi due secoli e non potremo quindi smarrirci per via.

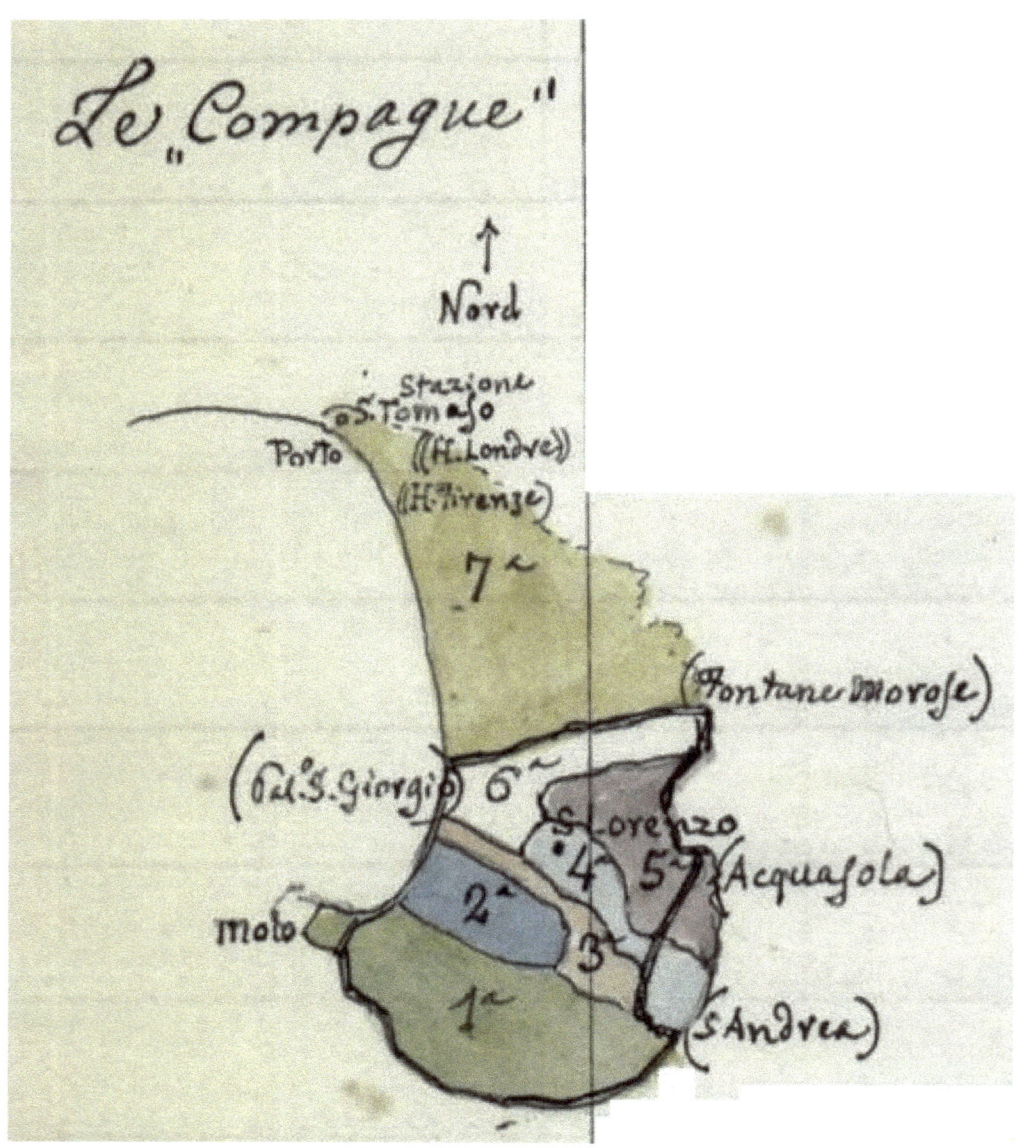

▲ La divisione della città nelle sette "compagne". Schizzo di Quinto Cenni

LE CROCIATE

Presero parte i genoesi (*ianuenses*) alle crociate? Se si dà retta agli scrittori che di questo glorioso avvenimento hanno trattato, si direbbe che essi poco o punto vi parteciparono. Michaud[24] nella sua meritatamente celebre *Storia delle crociate* assegna ad essi, tutt'al più, il ruolo di semplici mercanti, che portavano le cose loro ai crociati e le trafficavano sul luogo; ma non dice mai che essi abbiano preso parte alcuna a fazioni di guerra. Il loro arrivo era gradito ed utile, ma nulla più.

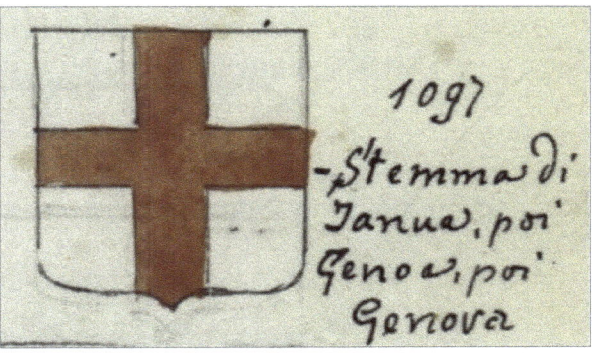

▲ Stemma di Genova neò 1097

Fortunatamente, fra i genoesi che passarono in quel tempo in Palestina, vi era anche un nobile, un cavaliere, o milite che dir si voglia, il quale sapeva maneggiare la penna, od, almeno, farla maneggiare ad altri sotto sua dettatura, così bene come sapeva maneggiare la lancia o la spada e, più volte, il bastone di comando. Cafaro adunque, arrivato in tardissima età, dettò le sue memorie ad uno scriba; ed è su di queste – (che oggi, fotografate, si trovano in quasi tutte le principali biblioteche) che noi possiamo proseguire con una certa sicurezza questa nostra qualsiasi istoria. Dunque è positivo che i genoesi presero parte alle crociate. Fu in giugno del 1097 che, dopo aver devotamente ascoltati nella Basilica del Beato Siro in Genova i sermoni dei Vescovi di Gratianopoli e di Aurisia[25], mandati appositamente dal Sommo Pontefice Urbano II, i genoesi presero non meno devotamente la croce, primi fra gli altri: Obertus Lamberti de Marinis filius, Obertus Bassus de Insula, Ingo Flaones, Dodo de Advocato, Lanfrancus Roza, Pascalis Noscentius Astor, Guillielmus de Bono seniore, Opizo Mussus ed altri e altri[26]. La nostra Tavola XIV rappresenta l'uscita solenne dei crociati dalla Basilica, preceduti dai due Vescovi che benedicono il popolo circostante. Nel successivo mese di luglio ebbe luogo la partenza per la Palestina con un convoglio di 12 galee ed un sandano, cioè nave da carico, nave tonda o semplicemente nave. Giunsero sui lidi della Siria i crociati nel mese di settembre soltanto e presero terra alla foce del Sulino, sul porto detto di S. Simeone, presso Laodicea, a circa dieci miglia più a sud di Antiochia[27]. Antiochia era a quel tempo assediata dall'esercito dei crociati, comandati dall'illustre, prode Goffredo di Buglione e – più precisamente – da quella parte di esso che era comandata dall'italo – normanno Boemondo principe di Taranto. Appena che la notizia dell'approdo dei genovesi[28] presso Laodicea pervenne al campo dei crociati sotto Antiochia, si spiccò da quello un forte

---

24   Joseph-François Michaud, storico francese vissuto tra XVIII e XIX secolo, autore di una *Histoire des croisades*.

25   *Gratianopolitanum* ed *Auriciensem*, dice precisamente il testo.

26   Fra i quali possiamo aggiungere, così di scienza nostra come per detto e fatto dalla grande cavalcata storica del 1881, i fratelli Embriaco, Cafaro di Caschifellone (cronista), Carmandino, Ravaschieri, di Castello, Guido Spinola (il primo nominato nella storia di questo grande casato), nessun Doria.

27   Vedasi piccola pianta topografica riportata di seguito.

28   Michaud dice anche: pisani e li tratta unicamente come mercanti venuti là per vendere le loro merci! Cafaro parla soltanto di genoesi e li presenta guerrieri.

drappello di cento cavalieri comandati dal Principe Boemondo medesimo; e questi, giunto in presenza dei principali del nostro campo, li concionò in tal guisa: «O fratres et divini praelii socii, sicut pro servitio Dei ad has portas venistis et praemium ad requiem animarum vestrarum inde habere obtastis *(sic)*, ita pondus praelii et laboris comuniter *(sic)* substinere et laborare in quantum nos sumus, vos multum ortamur *(sic)*»[29].

I capi genoesi, ciò udito, tennero consiglio e deliberarono di mandare col detto Principe 600 dei loro migliori combattenti, tra i quali pare se ne trovassero 25 provvisti di cavalcatura. Questi marciarono col Principe e i suoi 100 cavalieri lungo il litorale, in direzione d'Antiochia e, presumibilmente, solo al giorno appresso e di buon mattino come lo dimostra la nostra Tavola XVI.

Intanto, usciti di Antiochia, marciavano al nostro incontro mille uomini di cavalleria turca. Sembra che il drappello normanno – genoese si accorgesse bensì di tale incontro, poiché è precisamente detto dal Cafaro che gl'uomini di esso che marciavano a piedi quantunque provvisti di cavalcatura montarono tosto a cavallo al primo annuncio di tale incontro, e che ne mandassero anche l'avviso al campo genoese; ma pare altresì che o l'avviso stesso sia giunto in ritardo, o che, a malgrado di esso, la cavalleria nemica abbia potuto recare gravissimi danni al campo medesimo. Fatto sta che, effettivamente, la cavalleria turca, coprendo con una tempesta di dardi il nostro campo, vi sparse in brev'ora il disordine e la morte per quanto *cum lanceis et ensis*, cioè colle lance e colle spade, i genoesi avessero *viriliter*, cioè virilmente, resistito all'inopinato e terribile assalto. Però la cavalleria turca, tornando trionfalmente verso Antiochia coi prigionieri fatti e le spoglie rapite, incontrò la cavalleria normanno – genoese di Boemondo (225 uomini almeno[30]), la quale ne prese solenne vendetta uccidendo tutti quanti la componevano.

Dopo questi bruschi fatti di guerra il rimanente dei genoesi, rimasti al campo a custodire le galee, furono chiamati sotto Antiochia, davanti alla quale rimasero fino alla caduta della medesima, avvenuta in febbraio del successivo 1099. Che cosa sia avvenuto delle 12 galee e del sandano, rimasti così quasi senza custodia, il Cafaro non dice. Come pure nulla dice sulla parte che possono aver presa i crociati genoesi alla grande vittoria d'Antiochia ottenuta sulle armi ottomane, le quali, giunte troppo tardi al soccorso della città, l'avevan a lor volta assediata e condotta a ben tristi termini.

Il Cafaro invece propone il suo racconto dicendo che, intrapreso poco dopo l'assedio di Gerusalemme dal corpo principale dei crociati, sotto gl'ordini di Goffredo di Buglione, mentre durava un tale assedio, i due fratelli Primo e Guglielmo Embriaco approdarono con due loro galee a Joppe (oggi Jaffa) e che, non potendo tenerle ivi in sicurezza per la troppa vicinanza dei saraceni di Ascalona, le distrussero; e che poi – prosegue il Cafaro – invitati anche questi a passare all'assedio di Gerusalemme, vi si condussero trasportando seco il legname delle loro galee disfatte, col quale legname costruirono poi certe loro macchine mediante le quali fu agevolata la presa della

---

29   «O fratelli e alleati nella divina battaglia, così come siete arrivati a queste porte per servizio di Dio, e avete quindi scelto di ricevere la ricompensa per il ristoro delle vostre anime, vi incoraggiamo di conseguenza a sostenere insieme a noi il peso dello scontro e dell'impresa, e ad adoperarvi in quanto noi facciamo» *(ndc)*.

30   Il Cafaro dice che il drappello di Boemondo era di cento militi; ma noi sappiamo che questi militi erano tutti uomini dell'alta classe, che traevano seco un dato contingente di valletti armati e di scudieri; né diversa dovea andare la cosa pei genoesi, quantunque per questi sia espressamente detto che di essi i provveduti di cavalcatura erano soltanto 25. Vuol dire che avranno avuti valletti e scudieri appiedati.

città dopo 40 giorni di viva oppugnazione. Stando a tale racconto del Cafaro vediamo che essi – i genoesi – per due volte approdarono sui lidi della Soria (Siria), e che entrambe le volte essi furono calorosamente invitati a prender parte all'assedio della città vicina – Antiochia prima, Gerusalemme poi. Da ciò si può equamente concludere: primo, che essi non facevano parte integrante del corpo dei crociati; secondo, che essi però correvano colà dove comprendevano poter essere utile il loro intervento; terzo, che l'utilità di tale intervento era così ben conosciuta e valutata che si mandavano inviti specialissimi per ottenerlo. Si può poi ancora desumere da tutto ciò che, presa la città di Antiochia, i genoesi sieno ritornati alle loro galee, e con queste abbiano poi scorrazzato qua e là pel golfo (od antico Mare Phoenicium) in busca di qualche guadagno da quei bravi mercanti che essi erano. I crociati, quindi, e con essi il loro celebre storico Guglielmo di Tiro, possono essere stati indotti da ciò a considerarli come semplici mercanti che si tramutavano in guerrieri solo in speciali circostanze e quindi non calcolabili nelle file dei veramente guerrieri accorsi in

▲ Principali città in Terra Santa durante le crociate.

Palestina unicamente per guerreggiare. Il Michaud, però, scrittore moderno e con tanti testi che poteva avere sottomano, non poteva né doveva ignorare, e molto meno trascurare, come ha fatto, le cronache genoesi (più conosciute sotto il nome di "annali") del Cafaro e suoi sequitatori *(sic)*. Ma sappiamo già che, in massima, ai scrittori francesi basta lo scrivere con eleganza e con brio e del resto non s'impacciano.

La nostra Tavola XIX rappresenta il campo dei crociati genoesi a Gerusalemme colle macchine ossidionali che essi stanno costruendo.

Presa Gerusalemme nel mese di luglio 1099, i genoesi si trattennero alcun poco in essa e nei dintorni, poi, carichi di ricchi presenti fatti loro dai capi dei crociati, ritornarono in Italia sopra una nave comperata appositamente per questo dagl'Embriaci e salparono a Genova precisamente alla vigilia di Natale di detto anno.

La coincidenza di tale fortunato e festeggiato ritorno con una festività sacra che raccoglie sempre i cuori dei cristiani ed unisce le famiglie in cordiali e santi consorzi domestici; le grandi cose narrate dai crociati, i ricchi doni da essi portati e mostrati alle moltitudini, commossero così fattamente i cuori dei genoesi, e scaldarono loro talmente la testa, che, dimenticate ad un tratto le ire cittadine, determinarono in gran maggioranza di prendere di nuovo la croce; ed occorsero ben 26 galee e 4 navi da carico[31] per trasportare in Soria tutti quelli, crociati, pellegrini e mercanti, che affidarono di nuovo al mare l'esuberanza della loro fede, del loro ardimento, della loro ambizione. La nuova spedizione salpò da Genova poco oltre il mezzo dell'anno 1100, approdò di nuovo a Laodicea e quivi si fermò per tutto l'inverno 1100 – 1101. Di quivi, scorrazzando secondo la loro abitudine per il Golfo Fenicio, si portano prima a Caifas, poi toccano Joppe, ove sono incontrati dal buon Re di Gerusalemme Baldovino, fratello del pio e valoroso Goffredo, morto l'anno avanti, primo Re di Gerusalemme.

Il Re Baldovino rammentò ad Embriaco (che era l'ammiraglio della nuova crociata genoese) la promessa sua di aiutarlo nella conquista di Arsuf e di Casarea[32], ricordandogli inoltre che senza tale promessa egli non avrebbe accettata la corona di Gerusalemme. Embriaco confermò la promessa e quindi tutti insieme si recarono a fare una solenne e commovente visita al S. Sepolcro. Ritornati poi i genovesi a Joppe, si misero in punto di mantenere la fatta promessa, e salpati da essa diressero su Arsuf, che il Cafaro chiama Azotum, e la presero; e quindi, dopo di essa, presero Cesarea. Il Re Baldovino, assai contento di ciò, presentò di ricchi doni l'Embriaco ed i suoi genovesi e fra gli altri doni primeggiava un ricchissimo vaso che tutt'ora si conserva in Genova e fece anzi parte della grande cavalcata storica del 1881 più volte qui rammentata. Nella presa di Azotum occorse un fatto speciale assai onorevole per un genoese, il Console Caputmalii. Costui, lanciatosi pel primo sopra una scala a mano, quando ebbe posto il piede sul muro, ed i saraceni, atterriti, si erano fugati da ogni parte, si trovò ad un tratto solo, perché in quell'istante la scala si era rotta e tutti i genovesi che vi salivano erano precipitati in basso. Raccomandatosi in cuor suo a Dio, il Caputmalii mosse verso una vicina torre, ed imbattutosi in un saraceno che ne discendeva, si azzuffò con esso, ed abbracciatisi strettamente l'un l'altro in guisa di non poter usare le armi, propose, primo, il saraceno di lasciarsi stare l'un l'altro senza più farsi danno. Accettò il Caputmalii, e salita la vicina torre di là fece cenno colla spada ai suoi di salire di nuovo, ché i saraceni continuavano a fuggire da ogni lato. I suoi, obbedienti, salirono così come fa scrivere il Cafaro: «Ianuenses autem in humeris dextris crucem portantis per arbore unam palmam pronam supra murum civitatis ascendendo […]»[33].

Dal che si vede che i crociati genovesi portavano per loro distintivo speciale la croce sull'omero destro, così come li abbiamo noi rappresentati nelle tavole.

Ritornata in ottobre 1101 a Genova anche codesta seconda crociata, si organizzò tosto una terza spedizione, colla quale, composta di 40 galee, si presero le città di Akaron (Acri) e di Gibello minore, o Gibelletto, che diventò una colonia genoese. Da questo momento i genovesi, che già possedevano quartieri particolari in Gerusalemme ed in Giaffa, ne ebbero pare ad Arsuf (Azotum – Apollonia), in Cesarea, in Beirout (o Berito come si diceva allora), in Laodicea ed in Acri, avendo come a centro loro Gibelletto che era tutt'intiera *(sic)* in loro potere. Fu questo uno dei punti di maggior gloria per Genova e fortunata essa se avesse saputo difendersi dall'insana smania delle liti intestine e delle guerre coll'altre repubbliche e stati italiani.

---

31   Altri dice 36 galee, 6 navi da carico ed 8000 combattenti. Accettiamo gli 8000 combattenti, ma teniamo per le 26 galee e 6 navi perché è il numero dato dal Cafaro.

32   Attuale Cesarea, in Israele *(ndc)*.

33   «Ma i genovesi, che portavano sulla spalla destra una croce, salirono grazie ad un tronco di palma appoggiato sulle mura della città […]»*(ndc)*.

Ma era scritto nel gran libro del destino che l'Italia, smembrata in tanti piccoli stati, città e villaggi gl'uni agl'altri accanitamente nemici, non sarebbe venuta ad unità che dopo molto sangue sparso, dopo molte ruine, dopo molti secoli!

Nel 1103 fu presa dai genoesi Tortosa di Soria.

Nel 1106 con 60 galee, portanti molte macchine e castelli, fu preso Gibello maggiore. Ammiragli Ugo ed Ansaldo Embriaco.

Nel 1110 si presero – con 22 galee – Beruti (Beirut) e Malmistra e questo è l'ultimo fatto glorioso dei genoesi nell'oriente, per ora.

In tutto questo spazio di tempo, che viene dal 1098 al 1118, Genoa si governò col sistema delle Compagne, che ormai si dicono Compagnie e come tali noi pure d'ora innanzi le chiameremo. I Consoli, così del governo propriamente detto come dei placiti (giustizia), si cambiarono di quattro in quattr'anni fino al 1117. Con quest'anno essi durarono in carica soltanto un biennio.

E pure in questo lasso di tempo che cominciano a segnalarsi le grandi famiglie Doria e Spinola, ma sembra che la prima non abbia cominciato che molto più tardi a prender parte attiva ai gloriosi fatti d'oriente, mentre un Guido Spinola fa già parte della prima crociata. I Doria ebbero invece molto a che fare colla Sardegna, e fin dal 1101 ebbero a fortificare per conto loro in quest'isola il porto di Alghero. Poi vennero le famiglie, celebri pur esse, ma ora quasi estinte, dei Grimaldi e dei Fieschi, e fu precisamente dalle rivalità di queste famiglie, rivalità spinte talora all'ultimo sangue, che lo stato di Genova ebbe a soffrire i più grandi colpi. Tanto è vero che gli stati retti da più uomini insieme non sono mai di lunga vita, perché non vi hanno né vi possono razionalmente essere due governanti che la pensino in maniera del tutto uniforme, mentre la modestia e l'abnegazione sono qualità rarissime nell'uomo, tanto rare quanto sublimi. Ne viene quindi come risultante necessaria la discordia e, colla discordia, l'ultima conseguenza della rovina dello stato. Ed ora veniamo a cose tristi, le quali, se non determinano la rovina dello stato di Genova, appartengono però al novero di quelle che impedirono sempre il risorgimento d'Italia, il quale non poté aver luogo se non dopo che le cose stesse ebbero cessato di esistere.

Dobbiamo dire – cioè – della scellerata guerra con Pisa.

Già abbiamo accennato che fino dalla conquista, fatta insieme da Genova e da Pisa, della città di Tunisi nell'anno 1087, sorsero tra le due repubbliche dissapori e rivalità che, sopite per qualche tempo dallo straordinario ed in un pietoso avvenimento delle prime crociate, divampò ben presto quando il fervore per le crociate medesime si fu alquanto raffreddato. Quale fu la causa di tanta e così fatale inimicizia? Non la si conosce precisamente, ma molto probabilmente esse furono molte insieme e, molto più probabilmente, tanto piccine in sé stesse da far comprendere che una sola causa le riuniva tutte e cioè: l'invidia!

Comunque: le prime ostilità fra le due repubbliche avvennero nell'anno 1119, nel quale i genovesi impiegarono 16 galee nella guerra contro l'antica loro alleata. Poi, nell'anno susseguente, 1120, una flotta di ben 80 galee con 28 piccole *golabis* (o *gorabis*, navi di piccolo scafo) e 4 grandi navi, portanti macchine da guerra e, fra tutte, ben 22000 uomini a piedi ed a cavallo, fu diretta al porto stesso di Pisa, e, pare, obbligandola con questa sola apparizione, seguita da qualche sbarco, a chieder tosto la pace. Questo punto speciale è portato dalla seguente descrizione del Cafaro, il quale dice che fra quei 22000 uomini ve ne erano «Quinque milia cum loricis et galeis ferreis, ut nix albis induti erant»[34]!

---

34   «Cinquemila con corazze ed elmi di ferro, erano stati vestiti di bianco come la neve» *(ndc)*.

Ora, se il Cafaro crede conveniente citare, come fatto singolare, che per tale ferrea armatura non si vedeva alcun colore bianco nel vestiario di quei 5000, ciò significa due cose: primo, che non sempre la fanteria e la cavalleria erano coperte di ferro, secondo, che il vestiario ordinario della truppa doveva esser bianco[35].

E se aggiungiamo la qualifica di "galee" data agl'elmi della truppa (e galea vuol dire foggiata a pesce, cioè con lunga appendice sul davanti) veniamo ad avere tre preziosi dettagli indicanti – almeno in massima – l'uniforme militare dei genovesi dell'epoca, e cioè: la croce di crociato sulla spalla destra; il colore bianco del vestiario, la forma a galea dell'elmo. Il primo dettaglio si riferisce alla seconda spedizione in Palestina, ma null'osta – ci sembra – che non riguardi anche la prima e la terza e successive spedizioni. Il secondo, quello della bianchezza del vestiario, darebbe ragione del bianco scelto per colore di fondo nella grande cavalcata storica di Genova del 1881; e, veramente, nulla di più adatto per truppe che venivano da uno stato il cui stemma era costituito da una croce (rossa) su fondo bianco; il terzo, infine, potrebbe esso pure dar ragione dell'elmo a galea, importato dai normanni in Italia nel secolo X ed adottato intieramente (sic) dagl'ordinatori della suddetta cavalcata storica; ma il male sta nell'averlo adottato intieramente, mentre è quasi inammissibile che, soltanto dopo una cinquantina d'anni, l'uso di essi si fosse introdotto nei soldati genoesi così completamente da averlo tutti eguale. Se non lo avevano tale tutti, tutti gli stessi normanni, tanto più è difficile che lo avessero i loro imitatori, almeno negli ultimi anni del secolo XI.

Volte le menti genoesi a consolidare ora la potenza del loro comune sulla Liguria, dopo aver nell'anno 1113 eretto il castello di Porto Venere sulla punta nord-occidentale del Golfo di Spezia, e dopo avere, come abbiamo già detto, debellata la rivale Repubblica di Pisa nel 1120, movono (sic) ora – 1121 – guerra – fortemente sostenuta – contro il Marchese di Gavi, obbligandolo a venire a patti e comperando poi dal medesimo, per denaro (400 libre), il castello di Voltaggio, mentre acquistano pure, ma per forza d'armi, quelli di Falcone, Clapinum, Mundasi e Pietra Beccaria.

Intanto l'organizzazione governativa del Comune subisce ancora una modificazione, e cioè i Consoli – a datare dal 1120 – non durano in carica più di un anno ed il comune medesimo non s'intitola più per "Compagnie del tal anno e del tal altro" ma bensì per "Consolati", la cui numerazione comincia appunto coll'anno 1122, nel quale ha pur luogo la creazione dei Clavigeri (specie di pubblici tesorieri) e dei Scrivani.

Nel 1123 si riaccende la deplorevolissima guerra con Pisa; nel 1124, dopo varie scorrerie sul mare, vien tolto a forza ai pisani il castello di S. Angelo. Indi la guerra continua varia e multiforme, ora in terra[36] ed ora sul mare, fino al 1130, nel quale si fa finalmente pace tra le due repubbliche. Ma questa pace non dura che un sol anno, il 1131, poiché nel 1132 la guerra si accende di nuovo e dura fino al 1133, nel qual anno i belligeranti si compongono ancora in una certa quiete, della quale Genova approfitta per intraprendere una campagna navale su Roma in favore del Papa Innocenzo II e del Re Lotario, ottenendo con essa la sommissione dei romani a quei due Principi. E nell'anno medesimo il comune di Genova conquista e distrugge il castello di Lavagna, mentre

---

35   Data la suddetta traduzione, queste righe di Cenni non hanno ovviamente senso; io credo che il pittore abbia confuso il termine *nix*, ovvero "neve", con *nihil*, che significa "niente", "nulla", travisando il senso delle parole della cronaca. Le sue successive osservazioni restano tuttavia plausibili *(ndc)*.

36   Una fase di questa guerra fratricida si svolse – nel 1129 – in Sicilia, e precisamente a Messina, ove, per quanto i pisani fossero appoggiati dai messinesi, nondimeno ebbero la peggio.

nell'anno avanti aveva costrutto quello di Rivarolo.

Nell'anno 1134 avvengono nuove modificazioni nell'organizzazione governativa pel fatto del continuo accrescimento della città. La modificazione sta in questo: che la settima Compagnia (Borgo) si sdoppia, formando – con parte di sé stessa ed altre aggiunte – l'ottava, detta di Portae Novae (Porta Nuova), ma senz'alcun assegnazione di stemma per la medesima[37]. Ed in questo stesso anno si ha la prima memoria certa del molo[38]. In seguito poi alla numerazione pari delle compagnie, si trova utile di unirle in 4 gruppi, col appaiarle nell'ordine seguente:

1) Palazzolo e Piazzalunga (I e II);
2) Maccagnano e S. Lorenzo (III e IV);
3) Porta e Zuziglia (V e VI);
4) Borgo e Porta Nuova (VII e VIII).

Nel 1135 pace profonda.

Nel 1136 vien presa, non è detto come né dove, una nave saracena.

Nel 1137 qualche leggiera *(sic)* avvisaglia con saraceni.

Nel 1138 – 1139 pace su tutta la linea.

Nel 1140 presa e definitivo assoggettamento di Ventimiglia.
Combattimento tra due galee genovesi e due galee gaetane (comune di Gaeta) con presa di una di queste presso Monte Argentario.

Nel 1141 grave incendio in città, in chiesa di S. Giacomo.

Nel 1142 vien creato il magistrato del Cintraco, specie di pubblico banditore, ma di rango superiore, e che la cavalcata storica del 1881 ha rappresentato a cavallo con seguito di littori e con tanto di ippogrifo (!) sul petto, arma del comune sostituita dalla croce già da 44 anni!

Passano gli anni 1143, 1144, 1145 (in quest'ultimo ha luogo l'erezione del castello di Sestri, ma non sappiamo se di levante o di ponente) senza fatti d'importanza, e viene il 1146 ricco invece di bei fatti di guerra contro i saraceni.

Infatti in quest'anno 1146 una spedizione di 22 galee, con 6 *golabis* (navi a piccolo scafo) e molte macchine, si avvia verso l'isola di Minorca (Baleari), tenuta dai mori. Comanda la spedizione lo storico nostro, Cafaro di Caschifellone, il quale tiene a suo aiutante Oberto Torre ed ha un buon esercito di soldati, armati di elmi e loriche e composto di «Equis, militibus et bellatoribus viris»[39], fra i quali 100 a cavallo. Questa distinzione di *equis* e *militibus*, che ci appare per la prima volta, ci fa comprendere che ormai la parola "milite" non vuol più dire soltanto "uomo di rango", ma anche "uomo a cavallo".

La spedizione approda al porto Fonelli (?) e lasciate in custodia di pochi le navi s'inoltra per la via di terra e dà il guasto al paese per quattro giorni. Tornata sotto le tende davanti a Minorca, vi è assalita da 300 saraceni a cavallo seguiti da molti fanti, ma essa riesce a respingerli e disperderli,

---

37   In seguito all'aggruppamento delle 8 Compagnie a due a due è possibile che il gonfalone della prima d'ogni gruppo di due Compagnie abbia servito anche per la seconda. Da ciò forse il non esservi alcun ricordo storico dei colori che potrebbe aver adottato la nuova ottava Compagnia.

38   Il molo dovea certamente esistere anche prima, ma informe, quasi più una gran piazza per l'approdo che un molo vero e proprio.

39   «Cavalieri, militi e combattenti» *(ndc)*.

dopo di che Minorca è presa e l'intiera *(sic)* spedizione torna a veleggiare verso l'ovest e pone le ancore davanti ad Almeria, sulla costa sud – orientale dell'Andalusia.

Almeria, tenuta dai mori essa pure, vuol riscattarsi con denaro e si addiviene agl'accordi; ma, intanto, di nottetempo il Re fugge con pochi seguaci; la popolazione rimasta in città gliene sostituisce con altro, il quale manda soltanto una parte del denaro convenuto, promettendo a più tardi il resto; ma i genoesi, stanchi d'aspettare, cominciano l'assedio della città, battendola «Cum gatis et macchinas et manganibus» fino all'inverno, giunto il quale, e non compiuta ancora l'opera loro, la interrompono e ritornano a Genova, carichi di spoglie nemiche.

Nel 1147 nuova spedizione su Almeria condotta da Ansaldo Doria e composta di ben 63 galee con 163 navi onerarie; un totale di 226 navi che ci sembra sproporzionato, specialmente per la grande prevalenza del numero delle onerarie su quelle da combattimento; ma così è scritto e noi non osiamo cambiare alcun che allo scritto. Anche questa spedizione mette a terra molte truppe, le quali – divise in 12 compagnie di 1000 uomini ciascuna con molti e diversi vessilli, marciano al suono delle trombe. Questa preziosa descrizione del Cafaro non ci mette però in grado di dedicarle una tavola perché, disgraziatamente, egli non dice quali imprese rappresentassero codesti vessilli, se, cioè, quelle delle Compagnie, quella della città o quelle dei singoli comandanti. Probabilmente un poco di tutto, ma noi, dovendo lavorare di fantasia il meno possibile, ci asteniamo dal darne la rappresentazione. Così pure ci asteniamo dal rappresentare Almeria così come la rappresenta in margine il Cafaro medesimo, temendo di cadere in qualche grave equivoco di linee, e daremo fine al racconto di questa importante spedizione col dire che essa fu fatta a favore del Re Alfonso VIII di Castiglia, che ebbe il suo pieno coronamento nell'anno medesimo colla presa della città e che sembra che a tale impresa abbiano partecipato anche i pisani, ciò che potrebbe giustificare il quantitativo delle navi che a noi sembra invero strabocchevole.

Nel 1148 vien presa ai mori anche Tortosa in Catalogna.

Dal 1149 al 1153, inclusive, pace profonda.

Nel 1154 guerra con un Marchese di Loreto, nella quale i Consoli di tale anno che è il XXXIV Consolato, marciano «Cum militibus et balistariis et sagittaris multis»[40], ciò che indica che vi era precisa distinzione fra balestrieri ed arcieri[41]; quindi nuova pace dal 1155 al 1158, nel qual anno si dà principio all'ampliamento della cinta muraria della città, ampliamento che si rivolge tutto al nord – ovest. Nel 1159 continua il lavoro dell'ingrandimento della città, mentre i Consoli emanano un editto col quale si vieta a chiunque di portar armi indosso (coltelli a punta) se ciò non sia per servizio pubblico (propriamente come ora). Nel 1160 Porto Venere diventa una colonia fortificata e si riattano e rinforzano nel contempo le fortificazioni di Voltaggio e Pallodio, ed in città si atterrano molte case lungo la riva del porto per formare molti scali; nel 1161 si rinforzano nuovamente le mura dei castelli di Voltaggio, Pallodio, Flacone, Rivarolo e Porto Venere e – finalmente, e purtroppo – nel 1162 si riaccende la guerra con Pisa, la quale, peraltro, dura un sol anno, ma nella quale s'impiegano da entrambe le parti le saettie *(sagitteas)*, piccole navi a remi, lunghe e sottili e – fino a quest'epoca – adoperate solo per piccolo cabotaggio, per lusso e per diporto.

Nel 1163 cessa – crediamo per morte del dettatore – la cronaca del benemerito Cafaro di

---

40   «Con molti militi, balestrieri ed arcieri» *(ndc)*.

41   Nel 1158 si parla in cronaca di «Soldaderios balistarios et archiferos», e vedremo più tardi, nel 1172, che la distinzione va più oltre ancora colla definizione che s'incontra nella cronaca dello stesso anno di arcieri a piedi ed archiferi, che per noi s'intenderebbero arcieri a cavallo.

Caschifellone e nel 1164 le subentra quella dell'Oberto.

Dal 1164 al 1190 inclusive la storia della Repubblica di Genova presenta ben poca varietà di fatti, consistendo essa in una lunga serie di guerre annuali con Pisa, in qualche guerricciuola coi signorotti della montagna (Obizzo Malaspina e figlio, feudatari della Magra, 1172 e 1173) ed in lunghe e gravi dissensioni intestine, convertitesi assai spesso in lotte sanguinosissime, a por termine alle quali (od almeno a tentare di porvi un termine) la Repubblica chiama a suo governatore un personaggio forestiere, un Podestà, da cambiarsi annualmente.

Prima però che questa nuova forma del governo abbia il suo principio (ciò che avverrà nel 1191) fa d'uopo il ricordare fugacemente che nel 1163 si cominciò a dare una maggior ampiezza e comodità al porto, atterrando molte case e costruendo molti scali, fra i quali particolarmente quello tra S. Giovanni e "bocca di Bò" (cioè "foce di molino"), e del quale esiste tutt'ora un ricordo nel vicolo, o carubbio, dello scalo, che da via di Prè scende in Via Carlo Alberto, venti o trenta passi più a levante dell'attuale Hotel Firenze. La nostra Tavola XXIII ne dà la veduta presentando quasi nel primo piano il detto scalo, e mostrando sullo sfondo la città ancora così ristretta com'era allora, ma tuttavia sulla buona strada per ingrandirsi. E siccome alla fine del quasi trentennio 1163 – 1190 ebbero luogo alcune spedizioni marittime, così abbiamo tratto partito da questa tavola per dimostrare nella medesima anche alcuni tipi di nave, quali ci sono stati tramandati dai cronisti Caffaro ed Oberto, e quali servivano nella spedizione di soccorso a Tiro (1187) ed in altre, antecedenti, degl'anni 1155, 1162, 1167 e 1191.

Nella Tavola XXIV poi presentiamo il sistema difensivo dell'epoca, quello che si applicava specialmente alle porte di città fiancheggiate da torri (a questo tempo lo erano quasi tutte). L'esempio che ne diamo è quello della Porta di S. Andrea, detta poi "Sopranea", e che esiste tuttora (per quanto mascherata da case) a capo della Via Vicodritto Ponticello che dal Largo di S. Andrea discende a Piazza Ponticello, a pochi passi dalla magnifica Strada 20 Settembre. Il disegno della costruzione di difesa non è nostro ma – crediamo – della Società Ligure di Storia Patria, che lo ha esumato desumendolo dallo studio diligente dei fori che ancora si vedono praticati nei muri dei due torrioni e della porta.

Negl'anni 1177, 1178 e 1180 Genova fu onorata dal passaggio della figlia del Re d'Inghilterra, che andava sposa al Re di Sicilia; dalla visita amichevole dell'Imperatore Federico Barbarossa accompagnato dall'Imperatrice e dal figlio; ed infine dal passaggio della figlia del Re di Francia, sposa all'Imperatore di Costantinopoli. Negl'anni 1189 e 1190 vi fu grande passaggio di crociati per la Palestina e poscia quelli, successivi, del Re Filippo Augusto di Francia e Riccardo Cuor di Leone, Re d'Inghilterra, incamminati allo stesso santo e nobile oggetto.

E finalmente avvenne il cambiamento nel governo coll'introduzione dei Podestà, al primo dei quali, Manegoldo (1191), dedichiamo la Tavola XXV. I Podestà dovevano esser forestieri, duravano in carica un anno solo, percepivano stipendio e conducevano seco loro due giudici, due militi (cavalieri) e molti seguaci e servi, tutti del loro luogo natio. […]

1228-1242: CICLO DI GUERRE PER TERRA E PER MARE

Genova – sempre in sussulto per le sue deplorabili lotte intestine – si trova ancora avvolta in lunghe guerre terrestri co' suoi confinanti, le quali hanno la loro ripercussione sul Mar Tirreno e nel Mediterraneo.

1228: gl'alessandrini le hanno distrutto Capriata ed i tortonesi Arquata.

1229 – 1233: Nizza le vien sottratta a tradimento, né i 400 militi della città ed i 100 della campagna, che essa ha mandato a quella volta, giungono a tempo a ricuperargliela. Nel 1230 gl'alessandrini

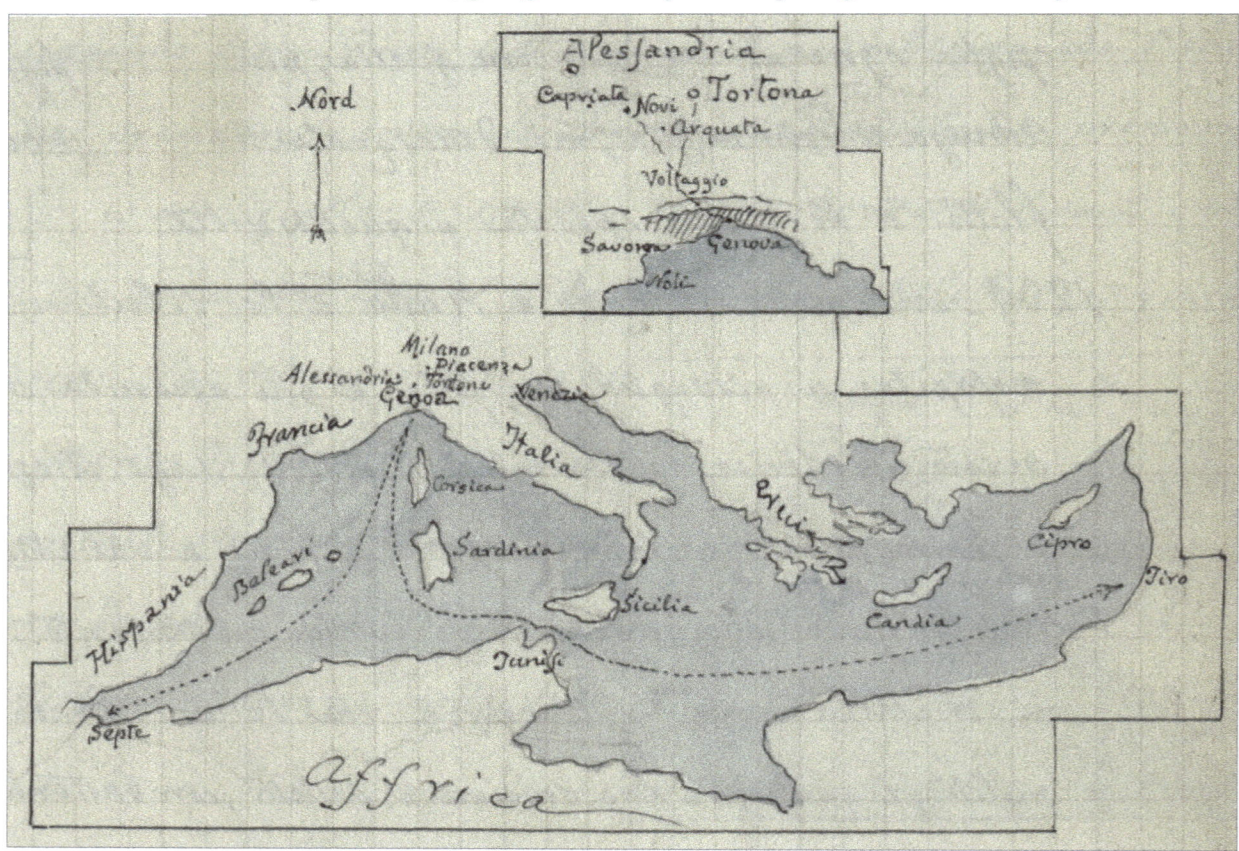

▲ Le campagne militari della prima metà del '200.

sono costretti, è ben vero, a chieder pace, e nel 1231 le restituiscono Capriata, ma nel 1232 l'Imperatore Federico II le manda contro una flotta comandata dal suo Siniscalco, Acon. Genova non sbigottisce per questo, e manda a sua volta contro il Siniscalco l'Almirante Guglielmo Nicolò Mallone, con 17 galee ed altre navi, e costui va fino a Tunisi a scontrarvi gl'imperiali e poscia gl'insegue fino a Tiro – ove fa pace – e nel 1233 ritorna trionfante in Genova.

1234 – 1235: la Repubblica ha qualche bega (questione incresciosa), di colore non ben chiaro, col Soldano[42] di Septe (Ceuta), e mentre si affatica, con poco suo onore, a trarne un qualche profitto commerciale, gl'uomini delle otto Compagnie della città formano da soli l'esercito che

42   Sultano *(ndc)*.

nel primo di questi due anni (1234) doma in breve tempo la ribellione delle piccoli Valli Arozie, sopra Albenga.

1236: Genova, stanca, forse, di guerre terrestri che la distolgono troppo dal suo vero campo – il mare – non interviene nella guerra di Lombardia, ma nell'anno appresso, 1237[43], tortonesi collegati a pavesi ve la costringono col riprendere Arquata; onde è fatto obbligo al Podestà (in quest'anno Oldrato Grosso di Trissino, presso Lodi) di portarsi con un esercito a Voltaggio, obbligando quegli alleati a ritirarsi tosto, onde lo stesso esercito ritorna, trionfante, in città.

Ma le lotte intestine continuano più micidiali che mai, ed il Campo di Sarzano, luogo preferito dai duellanti, è sempre più intinto del loro sangue, onde il Podestà Oldrato adotta severissime misure e fa piantare buon numero di forche a Co' di Faro.

1238: la face[44] della ribellione, appena accesa in Riviera di Ponente colla piccola ribellione delle Valli Arozie nel 1234, piglia vigore ad un tratto con quella, più estesa, di Savona, Albenga e Ventimiglia, ma della quale ha tosto ragione una flotta di 14 galee spedita a quella volta.

1239: ma ormai il dado è tratto, e la ribellione di tutta la Riviera di Ponente, per un istante assopita, si risveglia più forte e più accanita che mai, protetta ed aiutata come essa è dall'Imperatore Federico, dai vercellesi (Vercelli), dagl'alessandrini, dai tortonesi (che tentano una ribellione in Genova medesima, fortunatamente sventata) e dal Marchese di Cerreto[45], padrone del Finale.

1240: Genova, impensierita di tanto movimento, stringe a sua volta un'alleanza coi comuni di Milano e di Piacenza, che le accordano, il primo 70 militi, il secondo 30; in tutto 100 militi, i quali, coi loro scudieri e valletti, combattenti essi pure, possono raggiungere un totale di 350 a 400 uomini a cavallo; 100, cioè, di grossa cavalleria (militi). Il rimanente di cavalleria leggera. La Repubblica vi aggiunge, di suo, un esercito così composto: uomini delle tre podesterie (Bisagno, Vulture e Polcevera), militi dello stato, cioè della città e della campagna, balestrieri della città (v. Tavola XXVII).

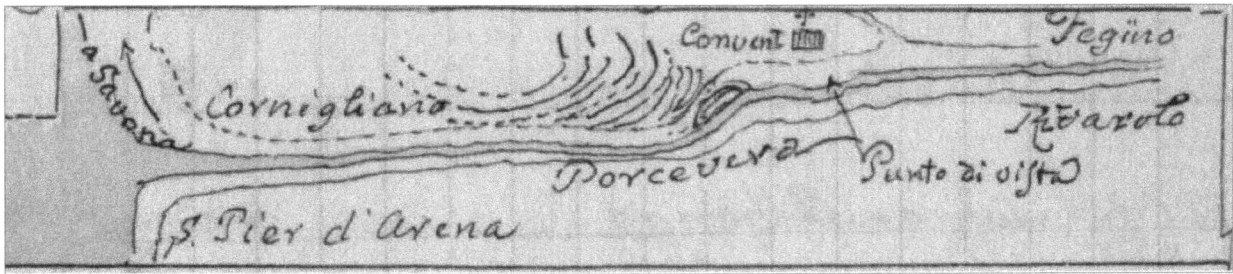

1241: mentre ha luogo la radunata dell'esercito genovese, la sua avanzata su Savona, i primi scontri coi Savonesi (i quali, malgrado l'aiuto in luogo di molti soldati tedeschi, sono costretti a tosto rinchiudersi in città), avviene in mare un fatto gravissimo per Genova, e che per poco non la porta a rovina. Ecco il fatto: il Papa, Gregorio IX, ha indetto un concilio a Roma[46], ed ha pregato la Repubblica a voler prestarsi colle sue navi per il trasporto dei Vescovi congregati da Marsiglia a Genova e da Genova a Civitavecchia. La Repubblica, che è pronunciatamente guelfa,

---

43   Va ricordato che nel novembre di quest'anno venne combattuta la battaglia di Cortenuova, che vide scontrarsi l'esercito dell'Imperatore Federico II e le forze della Lega Lombarda *(ndc)*.

44   Fiaccola *(ndc)*.

45   Giacomo Del Carretto, Marchese del Finale *(ndc)*.

46   L'enciclica di convocazione fu emanata il 9 agosto 1240 *(ndc)*.

acconsente alla preghiera del Sommo Pontefice, e dopo aver portati da Marsiglia a Genova i Vescovi e loro seguito, li fa proseguire verso Civitavecchia con una buona scorta di galee, bravando le serie minacce dell'Imperatore e dei pisani suoi alleati. Il loro Almirante (Ammiraglio) manca però di prudenza, ed è scontrato dal de Mari (profugo genovese ed almirante in capo delle flotte riunite dell'impero e di Pisa) presso P. Venere, ed intieramente *(sic)* profligato. Otto galee soltanto si salvano dall'immane disastro e tornano a Genova. Questo fatto ha luogo il 6 aprile, quando l'esercito genovese era già accampato sotto Savona ed un esercito imperiale, diviso in due colonne, premeva con quella di destra sulla catena dei Giovi, e con quella di sinistra sulla Riviera di Levante. Non basta: la ribellione covava in città – promossa dai Doria e dagli Spinola, ghibellini e quindi fautori dell'Imperatore. Non basta ancora: la colonna imperiale di destra, condotta dal Vicario di Lombardia, Marino da Eboli, ha già preso il castello di M. Gavilio, presso Voltaggio; quella di sinistra (Vicario di Lurexana, ovvero Lunigiana, Oberto Pelavicino) ha preso Zolasco e posto l'assedio a Levanto, mentre il de Mari fila su Genova e Savona colla sua flotta vittoriosa.

In tanto terribile frangente la Repubblica non si smarrisce. Ordina immediatamente la costruzione di 60 fra galee e taride[47], e vi fa lavorare anche a lume di candele; manda in esilio i Doria ed i Spinola ed invia un corpo di truppe a Voltaggio (25 militi e 200 fanti). Non basta; mentre il de Mari, diretto a Savona, passa a vista di Genova, la Repubblica ordina: per mare, la subita costruzione di altre 104 fra galee, taride e navi, e per terra una leva di massa (v. Tavola XXIX); ed appena le prime 52 navi sono pronte, le

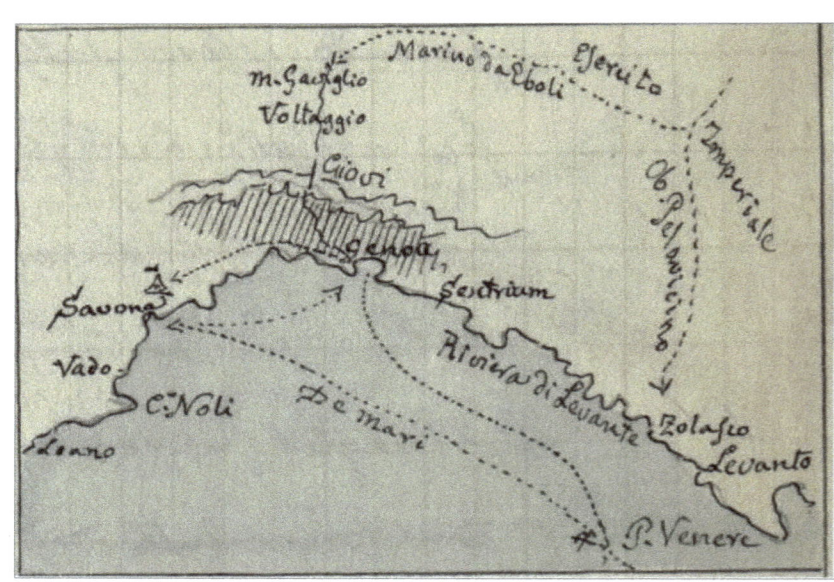

▲ Le campagne militari contro gli imperiali e Pisa

manda sopra Savona e Noli, mettendo quest'ultima in istato di difesa e respingendo, nel contempo, un attacco notturno del de Mari sulla città stessa di Genova!

1242: continua la guerra per terra e per mare, e nella Riviera di Ponente il Marchese di Cerreto (Finale) prende per forza d'armi il castello di Signum. Guerra nei dintorni di Ronco e Busalla.

La Repubblica, che aveva fatto un'alleanza offensiva e difensiva con Venezia, ha radunato una flotta di 83 galee, 13 taride e 4 grosse navi e le fa dipingere – per la prima volta – in bianco con molte croci rosse, mentre prima erano sempre dipinte in color grigio!

Il Podestà di quest'anno (Corrado di Concesio, presso Brescia) convoca il popolo in Piazza S. Lorenzo e, dopo un bellissimo discorso, dichiara sé stesso Ammiraglio e distribuisce una bandiera

---

47   Tipo di imbarcazione adibita al trasporto di uomini, vettovaglie ecc. *(ndc)*.

di compagnia ad 8 Protentini (Comiti o vessilliferi)[48], più due bandiere per ogni nave, una coll'insegna del comune, da collocarsi alla destra della nave medesima, ed altra coll'insegna di Venezia, da collocarsi alla sinistra. Divide poi le galee a 18 per Compagnia (8 Compagnie, quindi 94 *(sic)* fra galee e taridi)[49], facendo issare sulla migliore di ogni compagnia il vessillo di S. Giorgio. Le taridi hanno edifici atti alla battaglia (castelli o, come si dice ora, soprastrutture). Vengono pure distinti (non è detto in qual modo) i *superaldentem*

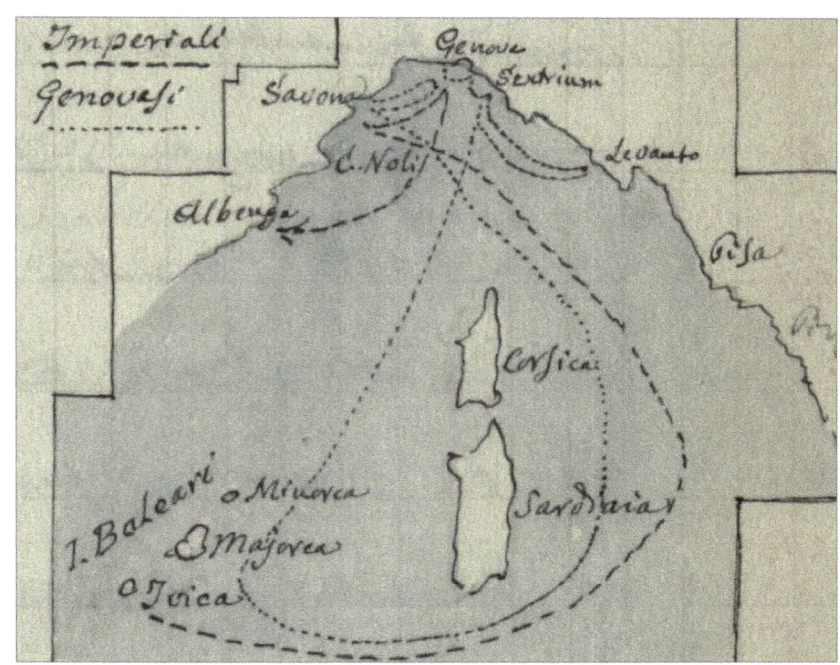

▲ Le campagne militari sul mare contro gli imperiali e Pisa

(forse marinai) dai *bellatoribus* (fanti) e *ballistaris* (balestrieri) secondo la rispettiva Compagnia, mentre i *rematores* sono distinti per podesteria.

Il 27 luglio (domenica) tutta questa flotta si raduna a S. Pier d'Arena, e nello stesso giorno, sfilando con imponente ordine davanti al Porto di Genova, va a collocarsi alla foce del Besanus (Bisagno), ove tutti gli armati salgono a bordo, avendo per distintivo generale la croce rossa sulla spalla destra (v. Tavola XXX).

Il 28 la flotta fa vela sopra Sigestrium (Sestri – Levante), vi si ferma un giorno, ed il 30 prosegue per Levanto.

A tale imponente vista gl'imperiali che assediano il castello se ne ritirano immediatamente, e Levanto è nuovamente munita, mentre le saettie vanno alla scoperta del nemico in alto mare e portano al Podestà, di ritorno a Sestri con la flotta, l'avviso che la flotta imperiale è presso Ivica (Ivissa). Il Podestà vi si dirige immediatamente, ma colle sole galee. Il de Mari, però, ne è già partito dirigendo su Pisa, che però non tocca, e, girando al largo, cerca rifugio in Savona. Il Podestà ve lo insegue, ma intanto il de Mari tenta un nuovo notturno assalto, non riuscito, su Genova, ove il Podestà, chiamato in furia, lo insegue di nuovo fino a Savona e Noli, né più succede altro nell'anno.

---

48   Il termine "Protentino", di origine bizantina, giunse ai genovesi per il tramite dei normanni. La carica, inizialmente, designava un alto magistrato *(ndc)*.

49   Il calcolo di Cenni è evidentemente sbagliato, anche se sembra inverosimile che egli abbia potuto commettere un errore così grossolano; va anche sottolineato che, stando ai dati che egli ha riportato poche righe sopra, la Repubblica aveva a disposizione un totale di 96 navi tra galee e taridi. *(ndc)*.

1243 – 1279

1243: malgrado l'azione forte e risoluta spiegata dalla Repubblica di Genova nei passati frangenti politici, perseverano con uguale ostinazione le ribellioni di Savona e della Riviera di Ponente, alimentate continuamente, come esse lo sono, dai potenti aiuti dell'Imperatore Federico II. Perciò Genova, avuta promessa d'aiuto dal comune di Milano e dai Marchesi di Monferrato, di Ceva e di Carreto, intraprende in quest'anno una nuova spedizione contro la ribelle Savona. Il Podestà (Manuel de Madio) la comanda in persona, ed al primo sabato di marzo le truppe iniziano il movimento. Due grandi trabucchi, due bricole[50] ed altre macchine formano il materiale d'assedio e tutta l'oste[51] genovese, giunta in vista di quella città, si accampa a Settemonti. Ma intanto né il comune di Milano né i tre Marchesi sunominati si fanno vivi, e soli intervengono in aiuto dei genovesi 40 militi di Piacenza, cioè circa 120 uomini di cavalleria, tra grave e leggera. Malgrado tale mancanza di parola da parte de' suoi alleati l'esercito genovese mantiene le sue posizioni, ed il Podestà accresce l'esercito con 400 militi, metà dei quali raccolti in Piemonte, e stringe sempre più dappresso la città. A sua volta l'Imperatore, temendo di perdere il proprio prestigio col lasciar cadere Savona, sua alleata, manda in suo aiuto un esercito comandato dal Re Enzo, suo figlio, ed una flotta di 135 galee (80 delle quali pisane) cogl'Ammiragli de Mari, profugo genovese ed Ammiraglio di Sicilia, e Buonacorsi, di Pisa.

Cionondimeno al 19 di aprile i genovesi – divisi per Compagnie[52] della città a piedi ed a cavallo – danno l'assalto a Savona (v. Tavola XXXI), ma la numerosa truppa che vi è dentro respinge gl'assalitori. Quest'esito infelice, al quale hanno contribuito 200 militi imperiali (da 400 a 500 uomini di varia armatura) che l'esercito ausiliario del Re Enzo ha potuto – in mancanza di meglio – gettar entro Savona con un convoglio di viveri e farine, e, contemporaneamente, l'avviso ricevuto che le 153[53] navi imperiali e pisane sono già in vista di Genova, obbligano il Podestà ad ordinare la ritirata su Genova medesima; la quale si effettua subito, dopo bruciate le macchine d'assedio e trattone il piombo per la eventuale fabbricazione di altre navi.

A loro volta gl'alleati imperiali e pisani, alla vista dell'esercito ritornato in città da Savona, non ardiscono proseguire la loro impresa su Genova e si ritirano.

Nell'immagine a fianco viene data una rappresentazione della formazione di battaglia seguita dalle Compagnie della città, con la fanteria al centro, la cavalleria divisa alle ali ed i balestrieri in posizione avanzata.

1244: il nuovo Podestà (Filippo Visconti di Piacenza) mette pace nella sempre agitata popolazione di Genova, e concentra la sua attenzione sopra la ribelle Savona.

Avendo quindi saputo che l'Ammiraglio imperiale de Mari (Andriolo, figlio di Ansaldo) ha salpato da Savona con 10 navi (galee) per tentare di far danno alla solita annuale carovana mercantile genovese proveniente da levante, arma 25 galee e va all'incontro di Andriolo. Questi,

---

50   Termine poco usato per definire il mangano, una macchina d'assedio avente la funzione di scagliare proietti contro la città nemica. Sebbene il suo scopo non differisse da quello del trabucco, essa era costruita in modo differente *(ndc)*.

51   Compagine militare *(ndc)*.

52   La vera denominazione, ancora in quest'epoca, è quella di "Compagne". Noi usiamo quella, venuta assai dopo, di "Compagnie" perché più adatta agl'usi moderni e quindi più intelligibile.

53   Evidentemente Cenni ha invertito gli ultimi due numeri della cifra, perché alcune righe prima il totale delle galee ammontava a 135; ho voluto comunque riportare il dato contenuto nel manoscritto originale *(ndc)*.

non sentendosi in forze pel combattimento, batte in ritirata, poggiando su Tunisi. Il Podestà ve lo insegue, ma in questo mentre, avuto per rapidi messi l'avviso che il Papa Innocenzo IV[54], prigioniero dell'Imperatore a Sutri, implora angosciosamente dai genovesi di esserne liberato, abbandona l'inseguimento, e doppiando rapidamente il Capo Corso fila su Civitavecchia, ove, raccolto il Pontefice, già fuggitovi da Sutri, lo conduce in gran trionfo a Genova. ►

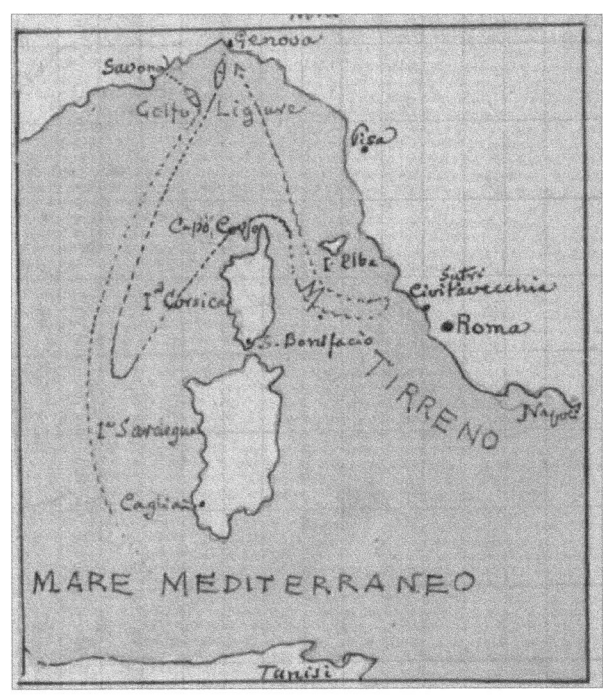

1245: Podestà Filippo Ghiringhelli di Milano (Philippus Guiringuellus de Mediolano). Prosegue la guerra, minuta, con Savona e coll'Imperatore e Pisa, venendo l'esercito genovese scaglionato a Gavi, Voltaggio, Pallodio ed oltre i Giovi, ed essendo quello imperiale appostato fra Alessandria e Tortona. In luglio i Marchesi di Monferrato e del Finale rinforzano gl'imperiali, ma non avviene alcun incontro d'arme che sia degno di memoria.

In ottobre la Repubblica manda 500 balestrieri della città in aiuto a Milano, i quali necessariamente devono aver marciato per la Valle della Trebbia, essendo le altre vie (vie per modo di dire) occupate dagl'imperiali. ▼

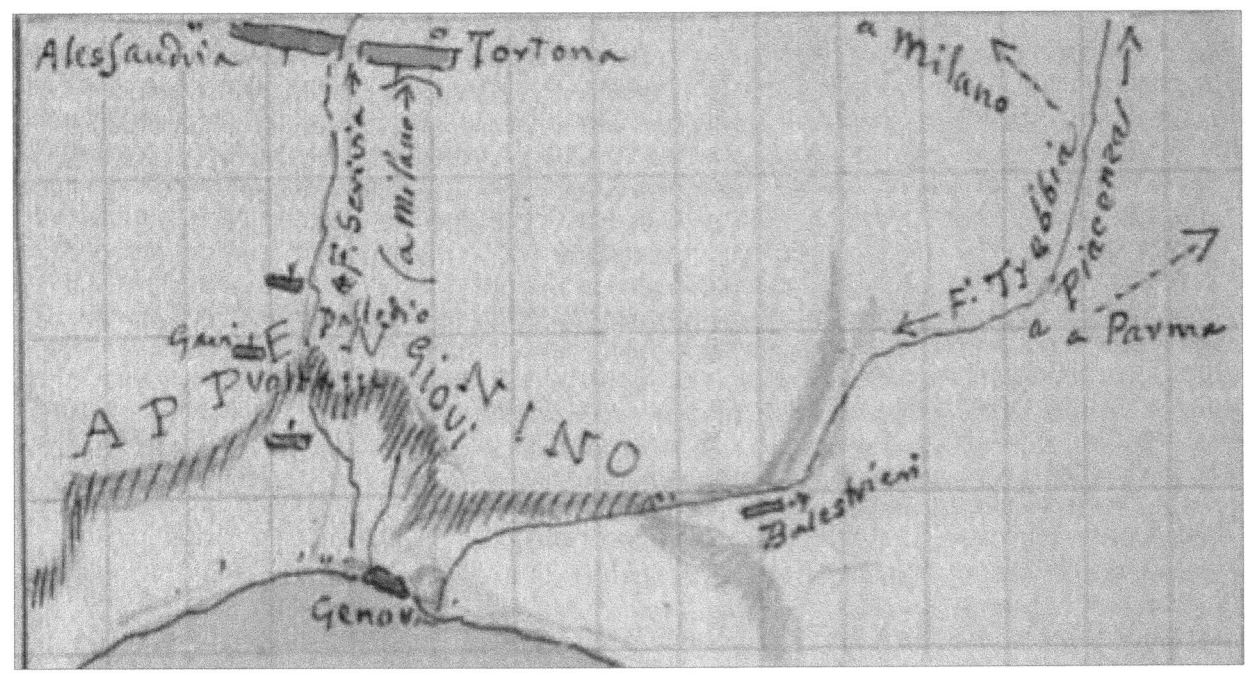

---

54   Al secolo Sinibaldo Fieschi, dei Conti di Lavagna; era originario del territorio della Repubblica *(ndc)*.

Il giorno 6 dicembre si scatena nel golfo un terribile fortunale, con perdita di moltissime navi, non essendo ancora il porto sufficientemente protetto dai venti d'alto mare, come lo dimostriamo qui contro. 1246: tutta la annata è consumata dal nuovo Podestà a rimediare ai gravi danni portati alla forza navale genovese dal detto fortunale.

1247: il Podestà di quest'anno, Bernardo Castronovo di Piacenza, esce, l'undici di maggio, da Genova con un esercito diretto a Savona, e contemporaneamente manda 150 balestrieri della città in aiuto di Parma, assediata dall'Imperatore. Poi, in agosto, intercedendo per ciò la città di Piacenza, che è guelfa al pari di Genova, Parma e Milano, ve ne aggiunge altri 300.

Intanto Andriolo de Mari, profittando di questi esodi di forze da Genova, si spinge su di essa con 20 galee, e la bombarda coi trabucchi che ha sulle proprie taride. Quindi, avvertito da traditori (ghibellini genovesi) dell'armamento fatto dal Podestà, si ritira su Savona, inseguitovi da quest'ultimo con 25 galee. Avvengono colà piccoli scontri, avvisaglie, colpi di mano, ma senza frutto per l'una o per l'altra parte; onde la flotta genovese si ritira in patria e passa al disarmo, mentre altre 24 nuove galee ne prendono il posto.

La Repubblica ha, in questo frattempo, ripreso per tradimento Zolasco, sulla Riviera di Levante, ed a buoni patti Varese, sul confine di Parma; ma perde Capriata, sui confini con Alessandria, carpitale per tradimento dagl'alessandrini.

1248: Podestà Rambartinus de Robarello di Bologna. La lotta con l'Imperatore e suoi alleati ghibellini facendosi più grave ogni giorno[55], si rinforza anzitutto la marina con 32 nuove galee fornite dalle 8 Compagnie della città (quattro per ognuna). Poi si radunano 300 mili[ti] cittadini e 100 dell'oltre Giovi, in tutto 1000 e più cavalli di varia armatura; si noleggiano 400 militi di Piacenza e si mandano questi rinforzi contro i due grossi eserciti imperiali, i quali si avanzano minacciosi sul territorio della Repubblica; quello di destra condotto dal nuovo Vicario imperiale, Marchese del Finale, quello di sinistra dall'antico Vicario imperiale Pelavicino. Ma, mentre la flotta da un lato fa buona guardia e dall'altro i rinforzi giungono in linea, i due eserciti imperiali si ritirano in fretta, quasi in sembianza di fuga. Che è dunque avvenuto? eccolo in brevi righe.

L'Imperatore Federico II, assediando Parma, vi ha costruito a rincontro una nuova città fornita di torri, mura ecc., che gli serve da quartier generale ed alla quale egli ha dato baldanzosamente il nome di "Vittoria". Ma un certo giorno l'Imperatore, eccessivamente fiducioso sul buon esito delle proprie imprese, essendo andato a caccia col suo seguito, i parmeggiani, avendolo saputo, escirono *(sic)* con tutto lo sforzo delle loro truppe – fra le quali anche i 450 balestrieri genovesi, saliti nel frattempo a 600; non sappiamo come, ma probabilmente con parte di quei 500 spediti in aiuto di Milano nell'anno 1245 – e si riversarono sui trinceramenti, torri e mura di Vittoria, sforzandoli da ogni parte ed interamente distruggendola. La disfatta è tanto irreparabile per Federico II che egli, stremato di forze, si ritira in Puglia, ed i due suoi eserciti, già marcianti su Genova, sono stati già obbligati ad allontanarsene al più presto, e tutto il partito ghibellino ne rimane pressoché disfatto.

Ora ci abbisogna fermarci un poco sulla parte avuta dai balestrieri genovesi alla vittoria di Parma, cioè alla presa di Vittoria. Quei soldati genovesi erano balestrieri, cioè truppa destinata (e quindi

---

55   S. Luigi, Re di Francia, intraprendendo la sua prima Crociata, aveva contato sui mezzi di trasporto (cioè sulle navi) genovesi , ed aveva perciò dato loro il convegno a S. Pier d'Arena. Tutti il movimento straordinario che ne era risultato in Genova aveva fatto sospettare all'Imperatore che si tramasse qualche cosa contro la Sicilia. Da ciò l'invio di due eserciti imperiali contro Genova.

abituata) ad offendere l'inimico da lontano. Come potevano dunque esser dessi adoperati per un combattimento da vicino, e per un combattimento poi splendidamente riuscito? La *France Militaire* del T. Col.lo Dally (Parigi, Larousse, 1888), a pag. 69, spiega così la cosa: «[…] le nom d'arbalétrier reste spécial[e]ment attaché à ceux qui faisaient partie de la milice régulière et permanente, etablie dans plusieurs villes»[56]. Ora, ciò che è buono per una nazione può esser buono anche per un'altra, e nulla vieta quindi che ciò che si usava allora nei comuni di Francia non si usasse altresì nei comuni d'Italia. D'altronde non si manda una truppa che abbia un unico modo di servire in luogo dov'essa può esserne obbligata a servire in molti modi diversi. Perciò noi riteniamo che appunto sotto il nome di "balestrieri" la Repubblica di Genova tenesse un corpo di milizia sempre pronta a marciare, e contenente nelle sue file balestrieri propriamente detti, ciò è certo, ma ancora palvesari, cioè soldati armati di scudo (palvese), spada e lancia.

ALCUNE RIFLESSIONI SULLA COSTITUZIONE MILITARE DELLA REPUBBLICA

Da quanto finora abbiamo esposto sulle forze armate della Repubblica risulta che, mentre quelle di mare si dividono usualmente in galee, taride e navi da carico dello stato, ed in galee, taride e navi da carico dei particolari e mercanti, obbligate però a servire in ogni contingenza lo stato, quelle di terra possono essere elencate come segue:

1) **milizia attiva**, formata da balestrieri della città (Genova) e da militi della città e dello stato (uomini a cavallo, più o meno forniti di buon censo e seguiti da uno o più valletti, arcieri, balestrieri a cavallo);
2) **milizia di riserva**, formata della otto Compagnie cittadine (a piedi ed a cavallo);
3) **leva di massa**, formata da uomini requisiti dovunque e comunque[57] per servizio militare, armati di spada, di scudo oppure di archi e frecce o di balestre e verrettoni[58] od, infine di lancia (quelle oltre Giovi lance lunghissime);
4) **milizia eventuale**, formata da stipendiari, cioè truppe stipendiate o mercenarie, prese fuori dallo stato.

Queste truppe portavano uniforme? Nel modo col quale si spiega e s'intende oggi un'uniforme, esse truppe certamente non lo portavano. Tuttavia le milizie della città, cioè balestrieri e militi, e quelle delle otto Compagnie, pure della città, avevano qualche cosa di uniforme nel loro vestiario ed armamento, e cioè il surcotto o giuppone (corpetto di panno grosso stretto alla vita), od in suo luogo una leggera tunica, e la copertura dello scudo; e questa e quelli portavano per intiero, cioè in tutta la relativa loro ampiezza, i colori dello stato, per i balestrieri ed i militi, e quelli della propria Compagnia per i componenti – a piedi ed a cavallo – delle medesime. Se poi aggiungiamo che i nobili avevano ancora il diritto di far portare ai propri subordinati diretti (servi e valletti armati) la propria divisa, ne risulterà che se un'uniforme vera e propria non si portava a questi tempi, tuttavia qualche cosa di uniforme lo si aveva, onde non può dirsi in alcun modo che l'uniformità del vestire negl'eserciti sia cominciata solo alla fine del secolo XVII, ma bensì

---

56 «Il nome di balestriere rimase particolarmente legato a coloro che facevano parte della milizia regolare e permanente, stabilita in diverse città» *(ndc)*.
57 Sempre ed unicamente nello stato.
58 Frecce.

bisogna riconoscere che qualche parte d'uniformità esisteva assai tempo prima.

Un'ultima considerazione: le milizie comunali di qualsiasi città d'Italia reggentesi a comune avevano, come a nocciolo fondamentale del proprio regolamento[59] militare, il carroccio. Orbene, nelle cronache di Genova tale istituzione non è mai nominata, onde bisogna concluderne che lo stato militare della Repubblica non ne comprendesse l'esistenza. Infatti, il terreno tutto montuoso della Repubblica non avrebbe permesso l'impiego di quella pesante macchina, sebbene si sappia che i suoi eserciti si traevano dietro le macchine d'assedio, non meno pesanti certamente. Ma queste macchine d'assedio non avevano alcune importanza d'ordine morale, e potevano senza vergogna alcuna essere abbandonate; il carroccio, invece, essendo come una bandiera, rappresentava lo stato, le nazione, e sarebbe stata somma vergogna il lasciarselo rapire[60]. La certezza di tale pericolo, emergente dalla montuosità ed asprezza di tutto il territorio della Repubblica, dev'essere stata il motivo unico pel quale il comune di Genova, a differenza di tutti gl'altri comuni d'Italia, non adottò l'uso del carroccio; per non esporsi, cioè, alla troppo facile eventualità di pericolo.

1249: nulla di militarmente o storicamente importante in quest'anno.

1250: il Podestà di quest'anno – Gherardo da Correggio – conduce esso stesso un esercito sopra Savona, ancora e sempre ribelle, e fa costruire in vista della medesima due solide bastie (trinceramento quadrato con fossato intorno) ottimamente fornite d'armi e d'armati, onde contenere almeno entro le loro mura gl'ostinati savonesi.

1251: ma ormai la rapida declinazione subita dal partito imperiale, colla caduta irreparabile del suo più forte sostegno, l'Imperatore Federico[61], ha tolto ogni speranza di reggersi nella propria ostinata ribellione a Savona ed a tutta la Riviera di Ponente, onde un'ultima spedizione, comandata contro questa città e condotta dal Podestà di quest'anno, Menabò di Parma, viene incontrata a mezza strada da un'ambasceria di Savona, che domanda e prega pace. La preghiera è accolta bene; Savona e tutta la riviera, fino a Monaco, tornano in soggezione di Genova, ed il Podestà e l'esercito tornano lieti e trionfanti nella loro non meno trionfante né meno lieta patria.

1252: nulla di militarmente importante in quest'anno.

1253: vengono abbattute le mura di Savona, secondo gl'accordi di pace.

1254: nulla di militarmente importante in quest'anno.

1255: già fin dal 1251 erano state incoate[62] trattative d'accomodamento fra la Repubblica di Genova e quella di Pisa, ghibellina e sua eterna nemica; ma le trattative a nulla avevano approdato, onde lo stato d'inimicizia perdurava sempre fra i due stati, sebbene non desse luogo a vie di fatto. Ma ciò che non era avvenuto nei 4 anni innanzi avvenne in questo, e la guerra è formalmente dichiarata fra la Repubblica di Genova e le sue alleate, la Repubblica di Lucca e di Firenze, da un lato, e quella di Pisa dall'altro.

Perciò tre eserciti alleati convergono su quest'ultima e la accerchiano da ogni lato (v. disegno). L'esercito lucchese impegna pel primo la lotta, ma ne esce colla peggio; però subentra quello di Firenze, cogliendo i pisani di fianco, e li obbliga rifugiarsi con molte perdite in città. L'esercito genovese, che si è assunto l'impegno particolare di prendere il castello d'Yllico *(sic)*, non prese

---

59   O "Codice", come si diceva a questi tempi.

60   I cremonesi, alleati dell'Imperatore nell'assedio di Parma, tenevano il loro carroccio entro le mura, o recinto che fosse, di Vittoria, e lo perderono con grande strage di loro medesimi e con loro vergogna.

61   Federico II morì nel dicembre del 1250 *(ndc)*.

62   Avevano avuto inizio *(ndc)*.

parte a questo episodio della triplice battaglia, e l'esercito fiorentino ritorna trionfante in patria; quello di Lucca, vedendosi abbandonato ed impotente, ritorna scornato in Lucca, ed altrettanto fa poco dopo quello di Genova, dopo aver preso l'agognato castello. ▼

1256: il Marchese di Cagliari[63] fa regolare donazione di un suo castello alla Repubblica di Genova, che ne prende regolare possesso mediante l'invio di due sue navi, invano opponendovisi Pisa; la quale manda perciò una spedizione armata contro il detto Marchese[64]. Genova, naturalmente, interviene in suo aiuto con una squadra di 12 galee, che ne cattura otto di quelle pisane. La guerra si fa viva, tra il detto Marchese e Genova, da un lato, e Pisa dall'altro. Il Marchese viene ucciso, ma il figlio suo e successore conferma la donazione del padre, ed una flotta di 24 galee, comandata dagl'Ammiragli Guercio e Cigalla[65], assedia Porto Pisano, ne cattura tre galee ed incendia le rimanenti.

1257: in quest'anno, per un'improvvisa rivoluzione, cessa il governo dei Podestà, salvandosi a stento dal furor popolare il nuovo Podestà, Filippo della Torre, milanese. Il motivo della sommossa non è ben chiaro[66], ma è una conseguenza pura e semplice della somma irrequietezza ed indocilità della popolazione, mai contenta del proprio stato e sempre in rotta con tutti. Il popolo, congregato in S. Siro, acclama a proprio Capitano un ricco e distinto popolare, Guglielmo Boccanegra, per 10 anni e destinandogli una guardia di 50 uomini. Si elegge in pari tempo un nuovo Podestà, ma con limitatissimi poteri.

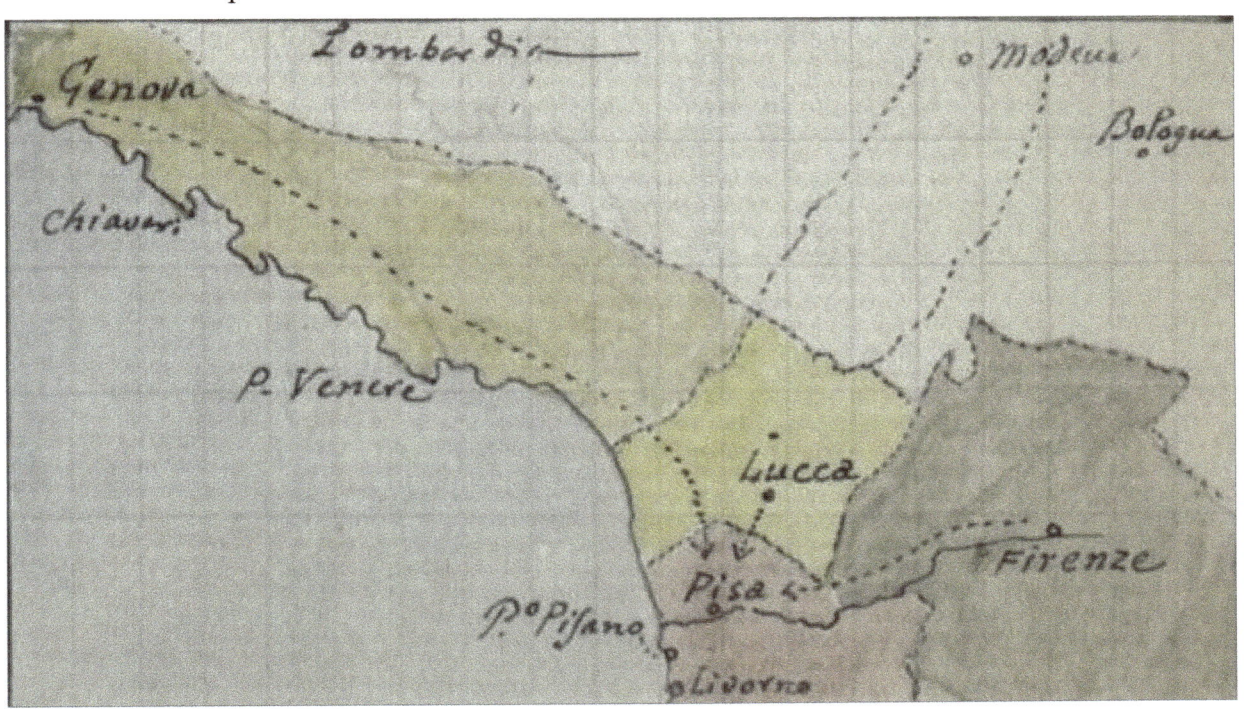

63   *Calarum*, come si scriveva in quest'epoca, cioè Cagliari, oggi capitale della Sardegna.
64   Il personaggio in questione è Giovanni Torchitorio V, ma il termine "Marchese" non è del tutto idoneo per indicare la sua carica. In questo periodo, infatti, la Sardegna era divisa in quattro Giudicati, sicché la definizione più corretta è quella di "Giudice" *(ndc)*.
65   Singolare e cattiva questa abitudine dei genovesi di affidare le loro flotte a più Ammiragli ad un tempo.
66   Nel 1256 il Della Torre era stato accusato di fare un uso illecito dei poteri conferitigli con la carica podestarile; in seguito venne condannato al pagamento di una multa, ma riuscì ad evitare la prigionia *(ndc)*.

CAPITANATO DEL POPOLO

Si fanno, ancora in quest'anno, due spedizioni in Sardegna contro i pisani, che assediano Cagliari; la prima comandata dagl'Ammiragli Ugo Vento e Iacopo de Nigro e la seconda da Filippo Calderario.

1258: primi motivi di guerra e prime avvisaglie fra le due Repubbliche di Genova e di Venezia per gelosie di comando e di commercio in Accon (S. Giovanni d'Acri). Il Pontefice, Alessandro IV, interviene immediatamente e fa far subito la pace nello stesso giorno[67], ma Genova ha perduto 25 galee su 30 in un solo ed unico combattimento!

1259: il Capitano del popolo comincia a dar forte sospetto sulle proprie intenzioni.

1260: nulla d'importante in quest'anno.

1261: la Repubblica fa alleanza con l'Imperatore greco Paleologo[68] conto Venezia, con grande sdegno del Sommo Pontefice, il quale le lancia la scomunica, specialmente perché, essendo essa sempre stata fedelissima alla Chiesa, ora ha fatto alleanza con s[c]ismatici contro altri cristiani. La Repubblica se ne commove, sì; anzi manda un'ambasceria al Papa per giustificarsi, ma poi prosegue egualmente nella sua intrapresa, inviando a Costantinopoli una flotta di 6 navi e 10 galee, comandata dall'Ammiraglio Marino Boccanegra, fratello del Capitano del popolo. Tale flotta aiuta l'Imperatore Paleologo a ritornare sul trono d'oriente, e ne riceve in compenso la città di Smirne. L'importanza storico – militare di questo avvenimento ci consiglia a dare qui contro la pianta della località ove l'avvenimento medesimo ha avuto luogo.

1262: avviene in quest'anno quello che si poteva pensare ben prima che avrebbe finito coll'avvenire, e cioè la decisa tirannide del governo del Capitano del popolo. Il popolo insorge, uccide il fratello del Capitano e depone ed imprigiona il capitano medesimo. Si torna al governo dei Podestà.

---

67   La cronaca dice precisamente così; ma veramente questo cronista è l'Abate Ancinelli, genovese, il quale merita ben poca fede per la gran confusione di date che egli fa. Vivea nel secolo XVIII e fu presente alla guerra 1745 – 1747. Buonissimo uomo ma molto confusionario nei suoi scritti. Io ho dovuto metterlo da parte.

68   Michele VIII, primo della dinastia dei Paleologi. Vale la pena di ricordare che nel 1204, durante la quarta crociata, Costantinopoli era stata assediata ed espugnata dall'esercito crociato, in seguito agli accordi intercorsi tra Venezia ed Alessio IV Angelo, Imperatore bizantino precedentemente spodestato dallo zio, Alessio III. Dopo la caduta della città venne istituito in oriente un nuovo impero latino; ciò che rimase del vecchio impero bizantino venne invece suddiviso in tre diverse entità, ovvero i due imperi di Trebisonda e di Nicea ed il despotato dell'Epiro. Nel marzo del 1261 i genovesi stipularono con Michele Paleologo, reggente dell'impero di Nicea, il trattato di Ninfeo; con questo accordo la Repubblica si impegnava ad aiutare il Paleologo nella riconquista di tutto il territorio che aveva fatto parte dell'impero bizantino in cambio di alcune notevoli concessioni (ndc).

GOVERNO DEI PODESTÀ

Il nuovo Podestà è Martino da Fano. Una nave genovese di Ansaldo Doria, proveniente da Costantinopoli, riporta che l'Imperatore Paleologo ha donato ai genovesi un palazzo di Costantinopoli che già prima era posseduto dai veneziani; che i genovesi di colà lo hanno atterrato a suon di tromba e che ne hanno mandato in patria, colla di lui nave, molti macigni, perché servano al Palazzo di S. Giorgio, di già in costruzione.

Avviene poi in quest'anno un primo combattimento nell'acque greche tra genovesi e greci, da un lato, e veneziani dall'altro, colla peggio di questi ultimi. Primo, s'intende, dopo la pace del 1258.

1263: Podestà Leazaro *(sic)* di Bologna. Al 28 di maggio, in lunedì, salpa da Genova una spedizione di 25 galee, 1 saettia, e 5 barche al comando di più Ammiragli, e cioè Pietro de Grimaldi, Pescetto Mallone, Pietro degl'Avvocati; ed è diretta contro i veneziani. Quasi nel contempo si manda ambasceria al Papa Urbano IV (francese) perché tolga la scomunica, ma il Papa è irremovibile.

Giunta la detta spedizione nelle acque greche, l'Imperatore Paleologo ordina ai genovesi di formare una flotta di 38 navi e di dirigerla su Malvasia. I genovesi vanno, ma nel viaggio incontrano una flotta di 32 navi veneziane. Nasce dissensione fra gl'Ammiragli, onde 14 soltanto delle loro 38 navi combattono, tra le quali quella dell'Ammiraglio Pietro degl'Avvocati, che vi rimane morto. Dopo di che la flotta genovese tocca Malvasia. Intanto altra flotta di 25 galee genovesi viene sulle acque greche, onde il loro numero totale raggiunge le 60 tra navi e galee. L'Imperatore però se ne insospetta *(sic)* fortemente e le rimanda tutte indietro, per cui succedono forti malumori in Genova e si fa processo agl'Ammiragli.

1264: Podestà Guglielmo Scarampi di Asti. Alcuni degl'Ammiragli sotto processo sono condannati.

In giugno una flotta di 20 galee e 2 grandi navi salpa da Genova diretta a Malta. La flotta è comandata da Simone Grillo; le due grandi navi, rispettivamente, una da Pietro Embriaco, l'altra da Simone Guercio. Giunta la spedizione a Malta, si viene a sapere che nulla si può fare in oriente, onde l'Ammiraglio determina di fare una diversione nell'Adriatico. Vi si dirige quindi con 17 galee, ma poi ne manda una a Costantinopoli, onde rimane con 16. Incontro in questo Mare Adriatico con una carovana mercantile veneta, composta di una grossa nave, 2 minori, alcune grandi taride, 13 gabi, un panzano, 2 galee, 1 saettia. I veneziani si stringono tutti intorno alla loro grossa nave, e buttando delle galline in mare gridano «cum istis praeliate»[69]; ma poi sono vinti e costretti ad abbandonare tutte le loro mercanzie ed a rifugiarsi nella grossa nave. Ma questa, il giorno appresso, non potendo manovrare per mancanza di vento, è presa con tutto quel rimanente che nella notte non si è potuto salvare e condotta in prigionia a Genova. La Repubblica di Venezia, avuta lingua di tale disastro, arma in fretta una flotta di 32 fra navi, galee e taride, la quale, non trovando più nemici nell'Adriatico, dirige sulla Siria; e, toccata Tiro e trovatavi una nave genovese, che vi stava sicura sulla parola del Marchese di Tiro[70], la catturano senza altro, e, perché il Marchese protestava, danno l'assalto alla città medesima. Soliti fatti di quelli che intendono la libertà e la parola soltanto in proprio vantaggio.

1265: Podestà Alberto de Rivoli, cittadino di Bergamo, il quale entra (come di solito per tutti i Podestà) con un seguito suo proprio di 2 giudici, 3 militi coi loro servi, valletti armati ecc.

---

69   «Combattete contro queste» *(ndc)*.
70   Filippo di Monferrato.

Nel giorno dell'Ascensione (maggio) salpa da Genova una spedizione di 10 galee al comando di Simone Guercio, e diretta contro i veneziani. Incontrata un flotta[71] veneta di 30 navi nelle acque di Sicilia, è rispettata per amore di quel Re – dice la cronaca – e si prosegue su pel Golfo di Venezia senza far danni. La spedizione ritorna in Genova in novembre. Viceversa avvengono scaramucce ed avvisaglie fra veneziani e genovesi ad Accon[72] ed in Siria.

Sedizioni e fatti di sangue in Genova.

Passaggio di Carlo d'Angiò con flotta di 27 galee e molti altri legni, minori diretto alla conquista del regno di Napoli.

1266: Podestà Iacopo della Palude, di Parma.

In aprile salpa da Genova nuova spedizione di 18 galee ed 1 nave, Ammiraglio Lanfranco Borbonino, a' danni di Venezia. In maggio altra squadra di 9 galee salpa per raggiungerla. L'Ammiraglio, con stranissimo consiglio, si dispone al combattimento col far incatenare a terra le sue 27 navi. Sopraggiunge la flotta veneta forte di 27 galee e 2 saettie. I genovesi, non potendosi muovere, fuggono a terra, e i veneziani si impadroniscono di tutte le loro navi e ne bruciano tre. L'Ammiraglio viene poi processato.

Viceversa l'Ammiraglio Oberto Doria, salpato in agosto da Genova con 28 galee, attacca e prende la Canea, difesa da soli 120 militi veneziani, la incendia e ne trasporta le campane a Genova, che le fa mettere nella nuova chiesa dei Doria, S. Matteo. Nel ritorno egli s'incontra in una flotta di 86 navi venete, ma schiva il combattimento e conduce in salvo il suo bottino.

1267: Podestà Guidobus de Radosio (Vercelli). Papa Clemente IV (francese) toglie la scomunica da Genova per indurla a prender parte col Re S. Luigi di Francia alla nuova crociata che si sta preparando; perciò il detto Pontefice consiglia vivamente pace, o tregua, con Venezia.

Ciò malgrado, una nuova flotta di 25 galee, Ammiraglio Luchetto de Grimaldi, dirige su Accon, s'impadronisce della Torre delle Mosche e pone l'assedio a quel porto. Poi il de Grimaldi, lasciando ivi gl'Ammiragli Pescetto e Papano Mallone ed Ottolino de Nigro con 15 galee, procede colle rimanenti su Tiro. Ma in quel mentre sopravvengono 26 galee venete, e per imprevidenza di quegli Ammiragli catturano 5 di quelle galee, 2 delle quali disarmate, e le rimanenti 10 riescono a sfuggire. Noi diamo qui contro un grafico di Accon, o S. Giovanni d'Acri, fatto nel tempo del cronista Marin Sanudo, ed uno schizzo topografico di queste coste della Siria (o Soria). ▼

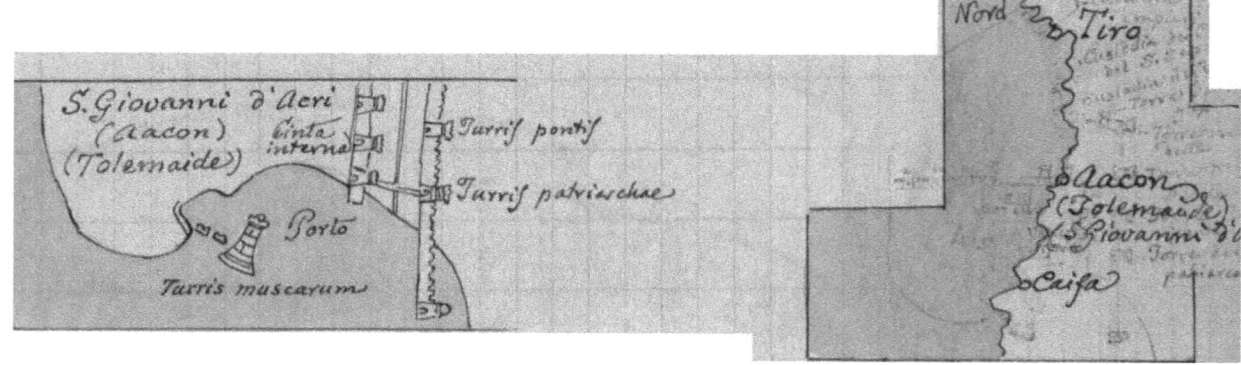

71   Qui bisognerà intendere per "flotta" una carovana mercantile, poiché, in caso diverso, i due nemici si sarebbero certamente attaccati. La cosa è molto lodevole pei genovesi in confronto del fatto di Tiro.

72   S. Giovanni d'Acri, o Tolemaide.

1268: Podestà Guido da Correggio. Il Papa ed il Re di Francia insistono presso la Repubblica di Genova perché voglia prender parte con loro alla guerra contro Corradino di Svevia, disceso in Italia per vendicare la morte di Re Manfredi e riprendere il regno di Napoli. Ma la Repubblica non sa decidersi ed intanto Corradino, aiutato dai pisani, passa liberamente in vista di Genova e procede oltre, verso l'Italia meridionale.

1269: ambascerie straordinarie a Genova del Soldano di Babilonia[73], del Kahn dei tartari[74], dell'Imperatore di Costantinopoli, di Carlo d'Angiò Re di Napoli. Podestà Bonifacio di Canossa (Reggio). Passaggio del Re Iacomo *(sic)* d'Aragona, diretto colla sua flotta e 1000 militi alla crociata. Pace, o tregua, con Venezia, per la crociata. Grande preparativo di navi per la medesima.

1270: Podestà Rolando Potagio, di Parma. Grande assembramento di navi ad Aigues Mortes di Francia per la seconda crociata del Santo Re Luigi (v. Tavola XXXIII). Sono nominate per la prima volta le chelandie[75], navi da carico e da guerra in uso a Venezia da molto tempo.

Diecimila sono i genovesi che, sia in qualità di marinai che in quella di soldati, prendono parte a questa crociata: i marinai sulle navi proprie, i soldati su quelle reali. Tanto numero d'uomini necessita l'istituzione di due consoli genovesi, i quali sono Ansaldo Doria e Filippo Cavaruthum. Giunta la spedizione a Tunisi i genovesi sbarcano, assaltano il castello saraceno di Quartana e lo conquistano di colpo prima che possano giungere i crociati francesi a porgere loro soccorso.

A Genova nuova insurrezione contro il governo dei Podestà. Il Podestà, Rolando Potagio, vien preso ed imprigionato. Vien istituito di nuovo il capitanato del popolo.

CAPITANATO DEL POPOLO

Capitani del popolo: Oberto Spinola, Oberto Doria.

Il Podestà è liberato, pagato e licenziato. Pace generale.

Durante queste lotte intestine l'ex Ammiraglio Luchetto de Grimaldi si è impadronito a tradimento del governo di Ventimiglia[76], invano impeditone da una mano di genovesi perché non giunti a tempo.

1271: si sceglie un nuovo Podestà, ma i poteri suoi sono tanto limitati, ed il popolo genovese così torbulento *(sic)*, che il nuovo eletto (Lanzavecchia di Alessandria) non accetta, ed opta invece per Bologna. I Grimaldi sono esiliati.

1272: i Grimaldi, che sono guelfi, fanno macchinazioni col Papa e col Re di Napoli (Carlo d'Angiò) contro Genova, loro patria, perché retta da Spinola e Doria, vecchi ghibellini, e le tolgono di sorpresa il castello di Delphinum. Nicolò Doria con qualche truppa vendica la perdita togliendo loro il castello di Stella. La Repubblica è contornata intanto da piccole guerricciuole: a ponente coi Grimaldi, a nord coi Marchesi di Bosco, a levante coi Fieschi.

1273: guerricciuole qua e là dalla parte di levante da Carlo d'Angiò, che governa la Toscana del Papa. Genova spedisce contro di esso un esercito di fanteria e cavalleria, al quale si uniscono

73   Il Sultano d'Egitto Baybars *(ndc)*.

74   Kublai Khan *(ndc)*.

75   Variante del dromone, modificata in modo tale da ottenere una maggior velocità *(ndc)*.

76   Nel barbaro idioma di quest'epoca (una specie di latino alquanto macaronico) Ventimiglia si scriveva così: XXmillias.

i soliti fanti dalle lunghe lance dell'oltre Giovi e buon numero di militi di Pavia; comanda un D'Oria[77]. Dal lato del mare l'Ammiraglio Squarciafico conduce una squadra di 14 galee incontro alle galee angioine (o provenzali, che dir si voglia) che scorrazzano per quel mare. Ciò avviene dall'aprile al maggio, nel qual tempo Spezia è presa ed incendiata dal Doria e la squadra provenzale è battuta

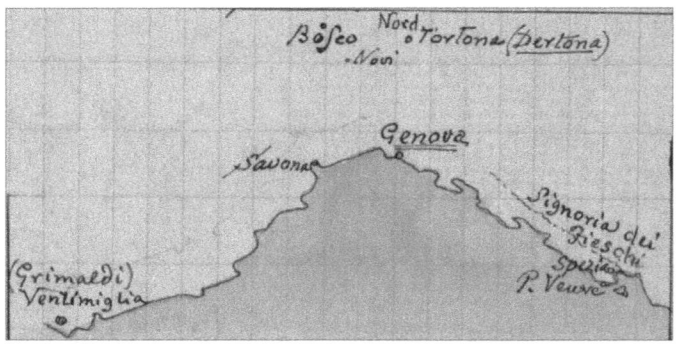

dalla squadra di Genova, che la insegue e si impadronisce di parecchie delle sue galee (v. Tavola XXXIV).

Si riapre la guerra coi Marchesi di Bosco. Essi si sono portati coi loro seguaci fino alla riviera di Vado, ma un Marchese Malaspina li tradisce avvertendone la Repubblica; la quale manda sollecitamente un piccolo esercito comandato dal Vicario[78] di Negro e composto come segue:

·	Uomini della podesteria del Vulture	2300
·	Uomini dell'oltre Giovi (colle lunghe lance)[79]	600
·	Militi stipendiari[80]	350
·	Balestrieri della podesteria del Bisagno	100

Per un totale di 3350 uomini.

I Marchesi del Bosco, sorpresi a Vado in grazie del tradimento del Marchese Tommaso Malaspina, sono accerchiati dal Vicario e costretti alla resa, malgrado avessero cercato ogni modo di sfuggire.

1274: in quest'anno finalmente la Repubblica trova un Podestà che si adatta a governarla in unione ai due Capitani del popolo. Egli è un Bonardi di Ancona. Le navi provenzali di Carlo d'Angiò, Re di Napoli, scorrazzando pel Mediterraneo, hanno conquistato Ajaccio. La Repubblica manda immediatamente a quella volta l'Ammiraglio Lanfranco Pignattaro con 22 galee.

L'Ammiraglio, trovata Ajaccio sgombra, volge sulla Sicilia e, toccata Trapani e neppur qui trovando il nemico, le dà il guasto; poi, risalendo, giunge a Napoli. Ma nemmen qui avendo incontrato le galee provenzali, si vendica dell'inutile e precipitata corsa facendo sfilare le sue galee davanti la reggia di Napoli, ogni galea trascinantesi dietro a ludibrio la bandiera reale, gridando i soldati e marinai le lodi della Repubblica (v. Tavola XXXV).

In maggio di quest'anno si fa una spedizione contro i Grimaldi a Mentone, ma con esito disgraziato. Perciò uno dei due Capitani del popolo medesimi, il Capitano Oberto Doria, va alla riscossa

---

77   D'Oria o Doria è tutt'uno. Nel linguaggio di quest'epoca si scriveva Auriae.

78   È la prima volta che ci imbattiamo in questa carica di Vicario. Deve trattarsi probabilmente di un semplice modo di dire; cioè Vicario per "Commissario" o qualche cosa altro di simile.

79   È notevole quest'abitudine dei vari cronisti di accennare sempre alle lunghe lance di questi uomini. Ciò prova che le altre truppe le portavano molto più corte.

80   Questa particolarità di militi stipendiari, cioè di cavalleria stipendiaria, sta a prova che la cavalleria di Genova propriamente detta doveva ridursi ai ricchi e loro seguaci ed alla poca cavalleria delle Compagnie. La natura del territorio, tutto montuoso, non poteva concedere di più.

con un numero, non indicato, di navi, ed entra offensivamente in Provenza[81]; ma, nel meglio della sue mosse, riceve angoscioso avviso che una flotta reale, angioina, di 40 vele è in vista di Genova. Immantinenti *(sic)* il buon Capitano volge le prore a levante e giunge a tempo a stornare il grave pericolo dalla cara patria, obbligando quella flotta a pronta ritirata sulla Provenza[82]. In aprile, stesso anno, 300 militi aragonesi erano sbarcati a Genova, diretti in Lombardia; in novembre altri 900 li raggiungono con armi e cavalli, diretti alla stessa meta.

▲ La spedizione navale contro Napoli che si risolve con una parata beffeggiante davanti alla regia della città.

1275: nulla in quest'anno di militarmente notevole per la Repubblica.

1276: carestia, peste e terremoto. In compenso la Repubblica acquista per contratto da Nicola de Fieschi, Conte Palatino di Lavagna, le terre sue di Vezanum, Carpena, Insula, Vessigna, Manarola, Specia (Spezia) e Civegna (trattandosi di piccole località senza importanza noi non abbiamo potuto trovar altro che Spezia e Vezzano, ma le altre dovevano essere certamente vicine a queste due, a sud – ovest della Magra).

1277: Podestà Ruggero di Guidobobo, permanendo in carica i due Capitani del popolo Spinola e Doria. La Repubblica fa altri acquisti di terre al nord, verso Ovada, che è a sud – ovest di Novi e Gavi.

In oriente – precisamente nelle acque di Costantinopoli – avvengo[no] liti accanitissime, sanguinose, tradimenti, incendi, devastazioni, fra i pisani ed i genovesi. Ricordiamo che da qualche tempo vi è tregua – non pace – fra pisani e veneziani, da un lato, e genovesi dall'altro; ma ormai la guerra scoppia di nuovo fra esse!

1278: straordinarie piogge a Genova, per le quali rovinano le due torri della Porta di Vacca; cosa da non meravigliare quando si pensa che tutta Genova era percorsa da rivoletti che scendevano precipitosi dal monte al mare, e che uno di tali rivoletti lambiva appunto le mura che facevano capo alle torri della Porta di Vacca. Guerricciuola verso Chiavari e Recco coi Malaspina. Passaggio amichevole di Carlo d'Angiò, Re di Napoli.

1279: nulla di militarmente importante.

---

81   La Provenza si prolungava fino a Monaco, comprendendo quindi anche Nizza.
82   Non comprendiamo come la flotta provenzale potesse trovar conveniente di rifugiarsi in Provenza quando la flotta genovese gliene sbarrava il passo, ma il cronista dice precisamente così.

SEGUITO DELLA STORIA MILITARE DELLA REPUBBLICA DI GENOVA

1280 – 1300

1280[1]: Podestà Cavalcabos de Medicis, de Papia (Pavia). Comincia la guerra con Venezia. Il 15 ed il 22 aprile avvengono a Clarenzia ed a Panauma, nell'Adriatico, piccoli scontri di galee mercantili genovesi e venete, colla peggio di quest'ultime. Pare che questi scontri si debbano più che altro al non portare le galee di quel tempo la propria bandiera sull'albero quando navigavano per commercio; ed essendosi le galere genovesi trovate in un mare non di loro pertinenza, e che era teatro di guerra tra le due Repubbliche marittime di Venezia ed Ancona, fossero dalle galee venete scambiate per galee anconitane. Ad ogni modo questi fatti segnano il principio di una nuova guerra con Venezia.

1281: Podestà Michael de Selvaticis, de Valentia. Visita onorifica e molto onorata, in Genova, del Marchese di Monferrato. Si ricostruisce la Porta di Vacca colle sue torri, demolite dalle inondazioni del 1278.

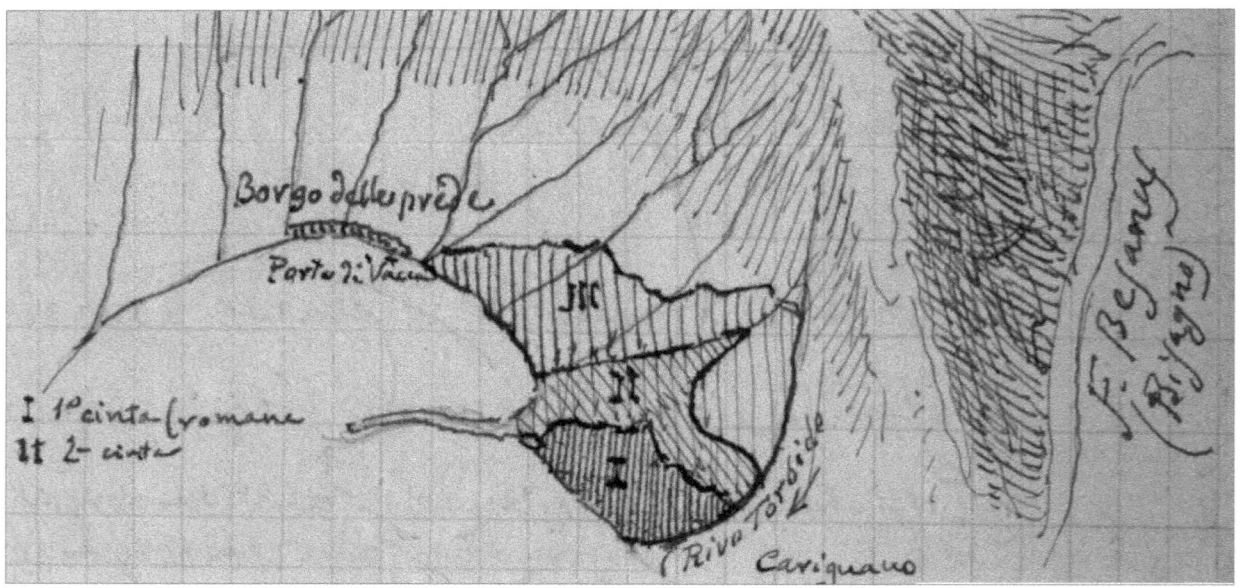

▲ Genova, infatti, è posta in un territorio tutto solcato da corsi d'acqua che scendono dalla montagna (v. disegno); quindi, fino a che questi corsi d'acqua non sono trattenuti fra solidi ripari, la città è sempre in pericolo. Questi corsi d'acqua poi servono mirabilmente a dare la ragione dei successivi ingrandimenti della città a chi ne fa uno studio giudizioso ed attento (v. ancora il disegno qui sopra). Si erige pur anche in quest'anno la nuova darsena presso la detta Porta di Vacca. Genova si rifiuta con bei modi di prender parte alla spedizione che il Re Carlo d'Angiò (di Napoli) intende di fare con 100 navi contro l'Imperatore greco Paleologo, e poiché si trova

---

1   Qui comincia la cronaca di Oberto Doria, ultimo dei seguitatori di Cafaro ed il più minuto e circostanziato fra tutti.

in ottimi termini con esso crede dover suo mandare avviso al medesimo, che molto lo gradisce.

1282: la spedizione d'Angiò contro l'Imperatore greco non ha potuto aver luogo, ma i pisani, quantunque in pace con Genova, hanno catturato la galea genovese spedita a Costantinopoli. Di qui sorge nuova guerra con Pisa, la quale ha luogo principale in Corsica, dove i pisani s'intestano a sostenere colle armi un signorotto dell'isola che si è fatto ribelle a Genova. Genova manda allora una flotta di 23 galee e 12 panfili – comandante Nicola Spinola – contro Porto Pisano, unico ma fortissimo sbocco di Pisa nel mare (foce dell'Arno). I pisani vi hanno pronte alla battaglia 32 galee con moltissime barche, ma a battaglia non si viene. La flotta genovese ritorna in patria, e poiché ora entrambe le Repubbliche di Genova e di Pisa sono di fazione ghibellina si pensa alla pace, almeno dalla parte di Genova. Inoltre, poiché è il tempo della vendemmia dei fichi e dell'uva, la flotta è messa in disarmo e gl'uomini mandati alle case loro.

Così però non la intende Pisa, la quale profitta dell'occasione e manda le sue 32 galee a devastare Porto Venere. Genova, colta alla sprovvista, arma a precipizio, istituisce un Consiglio di credenza di 16 cittadini che sopravegli (sic) alle cose della guerra, arma 120 galee e ne fa costruire 50 altre a Savona. Il Consiglio, per parte sua, stabilisce che nessun Capitano possa dirsi Ammiraglio se non ha riunito sotto il suo comando almeno 10 galee, e che il gonfalone di S. Giorgio non possa esser conferito ad alcuna squadra che abbia meno di 10 galee. Pisa arma a sua volta altre 50 galee, e ne avviene una guerra di corsa, accanita e persistente.

1283: la guerra ha principalmente luogo sui lidi della Corsica, ove numerose navi pisane danno il guasto. Una flotta genovese, presidiata da nobili e cittadini e sotto il comando di Tommaso Spinola, è diretta colà, e salpa da Genova l'ultimo di aprile. Perde 17 giorni di fermata forzata (per mancanza di vento) a Porto Venere; quindi muove sulla Corsica, impadronendosi a viva forza, nel giorno 19, dell'isola di Pianosa (Planusium) e, staccando dalla sua armata di 35 navi una squadra di 13, la invia a Genova colle prede e prigionieri fatti a Pianosa, e colle rimanenti 22 prosegue il viaggio e riesce a catturare 11 navi pisane; con esse, 930 prigionieri e 28000 genovine[2], torna a Genova, accoltavi in grande trionfo.

Al 26 di giugno salpa da Genova una novella flotta di 54 galee ed 1 saettia per vendicare i guasti già recati ad Alghero di Corsica da una flotta di 54 galee pisane e, credendole già di ritorno a Porto Pisano, fila su questo, ma non trovativi quelle, rovina colle baliste la Torre Veronica, che è uno dei baluardi del Porto, e prosegue la rotta su Piombino passando fra le isole del Giglio e di Montecristo[3].

Tocca Piombino (Plumbinus presso l'antica Populonia) l'ultimo mercoledì di giugno, e vi riceve la notizia che la flotta delle 50 galee pisane, non potendo proseguire, per causa di lei, la sua rotta su Porto Pisano, si è rifugiata a Ferragia (Portoferraio) nell'isola d'Elba, e vi si è cinta di difesa. Ma mentre, giunto sulla faccia del luogo, il comandante Doria sta pensando al modo d'impossessarsi di Ferragia, le sue vedette, lasciate all'isola del Cervo, gli riportano che sono in vista 15 galee pisane. Si viene poi a sapere che quest'erano una frazione delle 50, la quale frazione – staccata per forza di vento dalla principale – dirigeva, per la forza del vento medesimo, a salvamento su P. Pisano. Doria lascia 22 delle sue galee al blocco di Ferragia, e colle rimanenti 32 procede verso le dette 15 navi, le quali, avvistesi della di lui presenza ed altro non potendo

---

2   Moneta di quell'epoca.
3   Per questo ed i successivi riferimenti geografici, fino alla battaglia della Meloria, si veda la bella Tavola XXXVI (ndc).

fare, s'affidano alla forza del vendo medesimo e passano disperatamente a tutta velocità fra la linea genovese; undici soltanto si salvano, mentre le altre quattro sono prese con 250 morti e 750 prigionieri. Dopo di che Doria ritorna a Genova con tutta la sua flotta e colle prede, e vi è accolto esso pure in gran trionfo.

1284: sono ancora al governo di Genova il Podestà De Selvaticis (v. 1281) coi due Capitani del popolo Oberto Doria e Oberto Spinola. Prosegue viva e fiera la guerra di corsa. Pisa arma 72 galee e 2 piatte, portanti i trabucchi[4], e ne dà il comando al veneto Morosini, sperando così negli aiuti di Venezia, la quale però si dichiara neutrale. Si capisce da ciò che Pisa è ridotta allo stremo e fa gl'ultimi suoi sforzi. Parte di questa flotta è inviata a Ponente su Albenga, col proposito di tagliare la strada del ritorno ad una flotta di 30 galee genovesi colle quali l'Ammiraglio Benedetto Zaccaria ha battuto la riviera; ma questi è già in Corsica, onde la frazione pisana inviata a caccia di lui ritorna al grosso della propria flotta. Genova ha armato in fretta e furia, tanto che, da terza a vespro di un giorno solo[5], riesce a riunire insieme 58 galee ad altre 3 già pronte, ed 8 panfili. Con queste 71 navi[6] l'Ammiraglio Oberto Doria volge su Albenga esso pure, a caccia di quella frazione pisana di cui già si è detto, ma, saputo che questa ha già fatto ritorno a P. Pisano, fila su Capo Corso, raccoglie le 30 navi del Zaccaria, e con questa sua formidabile flotta di 101 navi giunge a Porto Pisano, schierandosi su 2 linee di contro la flotta di Pisa. I pisani, vedendo la linea genovese inferiore di 3 navi alla propria, confidano nella vittoria; ma quando sono avvertiti dalle loro barche che vi è una seconda linea genovese di 30 navi sentono cadersi l'animo, e s'apprestano a combattere unicamente per la propria salvezza. Lo scontro è terribile, la mischia accanita, ma la vittoria è dei genovesi. I pisani perdono 27 galee, 7 sono sommerse, hanno 5000 uomini uccisi e 9272 prigionieri. Le rimanenti 40 navi riescono appena, col favor delle tenebre, a rifugiarsi nel vicino P. Pisano. Pisa ne è orrendamente colpita: pianti e disperazioni dovunque; disperazioni femminili e di vecchi e fanciulli, poiché la parte valida della popolazione è diminuita di quasi la metà, onde – come scrive il cronista Doria – si disse allora «Ita ut qui Pisas querere vel videre, eam invenire in Ianua et non in civitate Pisana» (in italiano: «Chi vuol vedere Pisa vada a Genova»). In quanto concerne la flotta genovese, il Doria, suo comandante, la condusse di notte entro il P. Pisano, ma 30 delle sue galee avendo dovuto, per i guasti ricevuti nella battaglia, proseguire per Genova, e vedendo che le due torri che difendono il porto erano assai ben munite, non si tenne abbastanza forte per rimanervi; lasciandovi quindi soltanto due navi incendiarie, col rimanente si condusse a Genova, ove fu accolto coi massimi onori.

Il comandante veneto Morosini, rimasto fra i prigionieri, fu concesso ad una ambasceria veneta, mandata appositamente per chiederlo, col patto però che non avrebbe assunto più alcun comando in Pisa.

---

4   Artiglierie dell'epoca che scagliavano pietre.
5   Ovvero, all'incirca dalle nove del mattino fino al tramonto *(ndc)*.
6   Evidentemente il conto non torna; può essere stato un banale errore di calcolo di Cenni, ma può anche darsi che il nostro pittore abbia omesso di elencare le due navi mancanti *(ndc)*.

BATTAGLIA DELLA MELORIA – 6 AGOSTO 1284

(v. Tavola XXXVI)

Il costume militare dei genovesi era quello generale dell'epoca, e cioè una specie di tunica senza maniche portante i colori dello stemma della città alla quale apparteneva il combattente, o del feudatario, o sovrano, cui esso serviva. Tale stemma e tali colori erano poi riprodotti nello scudo e si riproducevano pur anche negl'arnesi del cavallo, nel cuoiame, nei pennacchi, eccetera. Ne risultava quindi una specie di uniforme, portata da ogni uomo d'ogni singolo corpo di truppe, ed insieme una vaga armonia di colori. Le truppe ordinariamente si distinguevano in balestrieri (*balistari*), che era, diremo, la parte scelta dell'esercito, ed in fanti, che erano detti "fanti dalle lunghe lance" (*a lanceis longis*), e che formavano la massa. Al di sopra dei *balistari* stavano i *milites*, cioè la cavalleria, e tra questa ed i *balistari* comuni vi erano i *balistari* di Compagna, cioè quelli formati cogl'uomini delle varie Compagnie di cittadini quali erano in Genova le 8 Compagnie della città, tuttora in pieno vigore. In quanto poi concerne il resto del vestiario, cioè: cappelli o berretti per quelli che non portavano elmo, calzoni e scarpe per quegl'altri che non potevano coprirli di maglie od armature di ferro, questo resto del vestiario era *ad libitum* per forma e per colore, quando non vi pensasse di sua iniziativa la città od il feudatario, nel qual ultimo caso questo resto seguiva la moda generale, cioè quella di riprodurre i colori dello stemma del capo del riparto. Infine le bandiere riproducevano esse pure i colori suddetti, come, del resto, era naturale che facessero.

1285: piccole e successive spedizioni tengono a freno ed impediscono la piccola guerra di cabotaggio cui sono ridotti ormai i pisani. Poi Genova (ghibellina) fa lega con Firenze, Lucca e Pistoia (guelfe) contro Pisa (ghibellina). Le dette 3 città uniranno le loro milizie per combattere Pisa dalla parte di terra, mentre Genova con 50 galee la batterà dal lato del mare. Ma Pisa, volendo stornare il suo grandissimo pericolo, si dà in balia per 10 anni al tragicamente famoso Conte Ugolino della Gherardesca, il quale, essendo guelfo, toglie ogni scopo alla lega, che perciò si scioglie.

È qui il luogo di dare un'esatta definizione del modo col quale si formava e si armava una flotta a questi tempi: la flotta è genovese e ne è Ammiraglio Oberto Doria. Essa conta 72 navi, così ripartite: galee 65, galeone 1, barche 2, piatte 3, nave a 3 ponti con trabucchi per il lancio di sassi 1; totale 72. Le galee genovesi essendo montate ognuna da 220 a 230 uomini, abbiamo così 14950 uomini per le galee e forse 600 tra la forza armata del galeone e quella delle altre 6 imbarcazioni – un totale di circa 15000 uomini. Questa forza è data anzitutto da Genova mediante l'accorrere volenteroso de' suoi nobili, cittadini e uomini delle otto compagne della città; poi da 60 diverse città, paesi e località delle sue riviere e dell'interno del territorio genovese, così come apparisce chiaramente dal seguente specchietto, che togliamo di peso dalla cronaca di Oberto Doria (v. Tabella 1).

Fin qui la cronaca del Doria. Sono in tutto 11317[7] uomini sopra 65 galee, 1 galeone, 6 imbarcazioni, cioè un 164 uomini per ognuna o circa 190 per ogni galea ed il galeone. Ma l'armamento era ordinariamente di 230 uomini e quello di un galeone s'avvicinava ai 300. La cronaca dice che nobili e cittadini accorsero volontariamente a fornire d'uomini la flotta, onde convien ritenere che per raggiungere la forza ordinaria di 15000 il contingente volontario di Genova debba essere

---

7 Cenni è giunto a questa cifra sommando il numero di marinai, rematori, balestrieri e fanti, senza considerare i 370 *supersalientes* (non è chiaro se egli li abbia volutamente tralasciati, non conoscendo bene la loro funzione, oppure se ne sia semplicemente dimenticato). Il totale, inoltre, è chiaramente errato, perché il risultato della somma suddetta è di 11517 *(ndc)*.

asceso a 2700 uomini circa tra nobili e cittadini, compresi fra quest'ultimi i balestrieri delle 8 Compagne della città. Ritenendo infine che questi 2700 fossero tutti combattenti, ed unendovi i 1905 balestrieri delle riviere e della montagna ed i 340 fanti dalle lunghe lance dell'oltre Giovi, abbiamo un totale di 4900 combattenti circa. Figuriamoci dunque questi 4900 uomini riuniti in gruppi, ogni gruppo vestito uniformemente diverso da altro gruppo, e possiamo figurarci il bel colpo d'occhio pittoresco che dovevano presentare. Noi ne forniamo quindi la Tavola XXXVII, nella quale primeggiano fra gl'altri i nobili, cittadini e balestrieri della città di Genova.

1286: Podestà Enrico Petia di Asti, Capitani del popolo Corrado Doria ed Uberto Spinola. Continua in quest'anno la guerra di corsa nel Mediterraneo, nella quale si segnalano per arditezza e valore il Capitano Ascherius, i fratelli Benedetto e Nicolino Zaccaria, Lorenzo Cigala, Lamba e Gregorio Doria. Ottone Vento conducendo in rotta successivamente 28 galee e facendo grande quantità di prede sui pisani, veneziani, saraceni e gaetani (di Gaeta).

1287: Podestà Enrico Brusamantica de Papia (Pavia). Rolando Ascherio con 5 galee ed 1 galeone dà una vigorosa caccia nei mari di levante ad una squadra di galee pisane, e non ne è rimosso che a gran fatica dalle rimostranze dei Gran maestri del Tempio e di S. Giovanni. Nicolino da Petratio con 5 galee ed 1 galeone blocca per 56 giorni P. Pisano. Benedetto Zaccaria, che è con lui, tenta colla propria galea *Dovitia* di rompere la catena che è tesa fra le due torri del porto, ma rimane ferito gravemente e deve desistere. Nicolino allora fa lo stesso tentativo con due galee insieme, rompe la catena, entra nel porto, vi brucia 3 navi, 4 taride e 9 bertesche[8].

1288: pace con Pisa, ma il Conte Ugolino tenta con subdoli modi di romperla, mentre l'Arcivescovo Ruggieri persuade Pisa a farsi nemica di Ugolino, e quindi la pace è mantenuta.

1289: grande congiura di alcune delle principali famiglie, le quali riescono ad impadronirsi con fanti e cavalli della chiesa e piazza di S. Lorenzo. Governo e popolo uniti li combattono e vincono, ma poi il governo si arrende ad umani consigli, e, meno il castigo di 40 de' più colpevoli, perdona ai rimanenti, tutelandoli da ogni offesa. Benedetto Zaccaria con due navi si trova alle ultime, disperate difese di Tripoli di Soria, e vi si segnala per coraggio ed umanità, riuscendo a salvare moltissimi fuggiaschi. Il console della colonia genovese di Caffa nel Mar Nero, Polinus Aurie (Polinice Doria), dirige 3 galee, con 6 militi forniti di usbergo e parecchi balestrieri raccolti nella colonia, ma giunto a Cipro e conosciuta la miseranda fine del Zaccaria[9], volge le prue verso levante, investendo nel tragitto una galea egiziana, del cui presidio parte uccide parte manda prigion[iero] a Genova. Ma questa, che è in pace col Soldano d'Egitto, ne resta impensierita e, temendo rappresaglie, manda al Soldano uno dei Spinola, il quale aggiusta le cose facendosi riconsegnare le galee genovesi che il Soldano medesimo aveva per vendetta imprigionate in Alessandria.

100 balestrieri genovesi sono assoldati per 3 mesi a presidio di Asti.

Luchetus Auriae (Lucchetto Doria) viene mandato in Corsica per attuare la resa dell'isola ai pisani mediante lo sborso di 9000 genuine fatto da questi. La spedizione si compone di 4 galee, 1 galeone, 3 altre galee a 3 mesi, 4 taride e 5 barche con trabucchi e cavalli al comando di Michele Doria, che ha sotto i suoi ordini 200 *cohopertos milites*, 200 balestrieri, 200 lunghe lance e 300 altri fanti, dal che si conclude che, oltre i fanti a lunghe lance, ne usavano altri che dovevano esser diversamente armati, ma non è detto come. Così pure sono una novità questi *cohopertos milites*, che sembra abbiano qualche analogia coi militi forniti d'usbergo spediti da Caffa, ma sugl'uni e

---

8   La bertesca era una sorta di postazione situata lungo la parte esterna delle mura difensive *(ndc)*.

9   Non è ben chiaro a cosa si riferisca Cenni in questo passaggio, perché Benedetto Zaccaria morì diversi anni dopo, nel 1307 a Chio *(ndc)*.

sugl'altri nulla dice di più chiaro il cronista. L'esser poi il naviglio a 3 mesi, vuol dire che si tratta di navi private che si assumevano al soldo per quel dato tempo.

La spedizione deve combattere assai per ottenere il suo intento, poiché il Giudice Cinarca, un signorotto del luogo, vi si oppone lungamente, e ne avvengono marce e combattimenti che mettono in forse la riuscita dell'accordo con Pisa.

La Repubblica acquista Vado, già possessione dei Marchesi del Monferrato, ed alcune altre terre di là del Giovi.

1290: Podestà Iohannes de Luano. Consiglio di credenza di 34 membri. Nuove guerre con Pisa. Una squadra di 14 galee condotta da Corrado Doria mette a fuoco e distrugge Porto Pisano, mentre Lucca attacca Pisa dalla parte di terra.

Si cambia il governo in Genova. Non più 2 Capitani del popolo, ma un solo, il quale sarà tale a vita e sarà estero, e le cariche ed uffici saranno ripartiti giustamente fra nobiltà e popolo.

La Repubblica riceve in dono Ponsogno e Spigno.

1291: Podestà Guliermus Brunus, civis astensis (di Asti). Capitano del popolo Lanfranco de Suardi, di Bergamo. Guerra, varia, di corsa contro Pisa; dal che si deve dedurre che Pisa era ancora lontana dall'essere intieramente (sic) domata.

La Repubblica compra alcune case dei Doria presso S. Matteo, ne fa un palazzo e vi insedia il proprio governo, il quale finora non aveva avuto sede fissa.

Guerra di corsa contro i catalani. Proibizione alle navi mercantili di navigare oltre Porto Venere se non hanno a bordo almeno 20 balestrieri.

1292: Podestà: quello di prima[10]. Capitano del popolo è, invece, Beltramus Ritiensi, di Bergamo; dal che si vede che era bensì estero, ma non perpetuo.

Guerra di corsa contro i catalani e contro i pisani.

1293: Podestà Petrus de Carbonensibus, di Bologna. Capitano del popolo Simone di Grumello (Bergamo). Guerra di corsa contro i pisani ed i veneziani.

Qui finisce la cronaca di Oberto Doria, l'ultimo dei seguitatori di Caffaro (sic). Ora seguono le storie, molto meno circostanziate, di Giustiniani e di Stella.

1294 – 1297: continua la guerra di corsa contro Pisa e contro Venezia.

1298: grande vittoria, ottenute presso le Curzolari nell'Adriatico, dall'Ammiraglio Lamba Doria, con 85 galee contro 97 galee veneziane comandate da Andrea Dandolo (8 settembre). In principio la fortuna è volta contro Genova, che ha 10 galee perdute o sommerse; ma poi, ripreso coraggio e fattisi tutte insieme le rimanenti 75, penetrano furiosamente entro la linea veneta, la mettono in scompiglio e sbaraglio, ne incendiano o sommergono 75 e fanno le rimanenti prigioniere con 7400 uomini, tra quali il Dandolo, che per disperazione si uccide. Fra i prigionieri si trova il celebre Marco Polo, detto "Il Milione", comandante di galea.

1299: pace per 27 anni con Venezia e con Pisa. Genova riceve da Pisa la Corsica e restituisce i prigionieri a Venezia.

1300: si accresce il molo di 115 cubiti di lunghezza.

Si manda per la prima volta un magistrato a governare la colonia genovese di Pera (Costantinopoli) in persona di Giovanni Fanfara.

---

10   In un'altra cronaca si trova invece che il Podestà per il 1292 fu Guglielmo Gardini, sempre di Asti; è possibile che Cenni, data l'omonimia e la medesima città di provenienza, abbia ritenuto che fosse la stessa persona del 1291. Si veda U. Foglietta, *Dell'istorie di Genova di Mons. Uberto Foglietta patrizio genovese. Libri XII. Tradotte per M. Francesco Serdonati cittadino fiorentino*, Genova, appresso gli heredi di Girolamo Bartoli, 1597, p. 232.

Le forze militari genovesi alla fine del XIII secolo

Luoghi e contingente rispettivo		Qualità e forza del contingente				
		Naucleri (marinai)	Vogheri (rematori)	Supersalientes (?)	Balistari (balestrieri)	Fantes a lanceis longis
Podesterie	Bisannis (Bisagno)	28	900			
	Rechi (Recco)	8	300			
	Rapalli (Rapallo)	16	600			
	Clavari (Chiavari)	28	1000	150		
	Sigestri (Sestri)	20	700			
	Levanti (Levanto)	4	120	80		
	Corvarie	24	900			
	Carpene	16	600			
	Vezani et Arcole	4	120	60		
	Ylice et Trebiano	4	120			
	Portus Veneri	4	120	80		
Del paese di Laqueti e Paxani					35	
Da Carosanus subterano (inferiore)					25	
Da Carosanus superano (superiore)						
Da Matalana						
Da Burge Praedis (Borgo delle Prede		4	120		80	
Da Pulcifere (Polcevera)		16	600			
Da Vulture		24	800			
Da Varagine et Celli (Varazze e Celle)		6	81		85	
Da Arbizola (Albissola)		1	20			
Da Saone (Savona)		8	230		120	
Da Naulo (Noli)		4	100		40	
De terra Episcopi Nauli			20			
Da Finari (Finale)		4	120		120	
Da Albingana (Albegna)		8	2		120	
De terris Episcopi Albinganae		8	220		120	
De Andoriae (Valle d'Andorra)		6	180		80	
De Cervo (Valle del Cervo)		2	60		20	
De Diano		4	120		80	
De Porto Mauricio		8	220		120	
De Petra Lata subterrana (oggi Pietra Ligure)		1	20			
Da Liuguilia (Liugueglia) e Castellario		2	60			
Da Sancto Stephano		1	20			
De Tabia (Taggia)		4	120		60	
De Sancto Romulo (San Remo)		6	180		120	
De Vintimilia (Ventimiglia)		6	180		120	
De Quiliano			40			
De terris Manueli et Cravexane (Clavesana)					200	
De terris Comiti Henrici et fratrum					150	
De Podio Rayvaldo (Poggio di Rivaldo)					10	
De Triora					200	
De Stella						25
De Pareto						50
De Vado (?)						50
De Tajolo						10
De Palodio						40
De Vultubbio (Voltaggio)						80
De Gavio (Gavi)						25
De Montaldo						20
De Flaen (?)						20
De Nusana et Campi						10
De Rosigono						10
Totale		**279**	**8993**	**370**	**1905**	**340**

I 370 supersalientes sono definiti da Cenni, nella tabella da lui redatta, come supersalientes et balistarios; probabilmente egli riteneva che fossero dei marinai, comunque in grado di utilizzare la balestra in caso di necessità.

DAL 1301 ALL'ISTITUZIONE DEL DOGADO (1339)

1301: pace col Re Carlo di Sicilia. È Abate del popolo[1] Giovanni da Guano

1302: i nobili genovesi Benedetto Zaccaria, Giacopo Lomellino, Lanfranco Tartaro e Giovanni Bianco prendono la croce e vanno in Terrasanta (v. Tavola XXXVIII). È Abate del popolo Salando di Castello, o Castellino.

1303: per varie benemerenze politiche l'Imperatore di Costantinopoli dona ai genovesi il territorio di Galata[2], sul quale sorge poi – il progresso di tempo – il sobborgo di Pera. È Abate del popolo Niccolò da Guano.

1304 – 1305: non si hanno notizie di questo biennio.

1306: sono Rettori del popolo Bernardo Doria ed Opizzino Spinola, ma cominciano in quest'anno le discordie fra le due famiglie.

1307: è Abate del popolo Jacopo da Gropallo.

1308: è Abate del popolo Francesco Portunaro.

1309: è Abate del popolo Ruffino da Volteggio.

1310: è Abate del popolo Roberto di Bonaevia. È soppressa la carica del Podestà e così pure quella dei Capitani e Rettori del popolo, sostituendo alle medesime un governo misto di 6 nobili e 6 popolani.

1311: malgrado tale cambiamento di governo la pace non torna nella torbolenta *(sic)* cittadinanza, onde i più saggi profittano del passaggio dell'Imperatore Enrico VII per offrirgli il governo della città per 20 anni. L'Imperatore accetta ed elegge a suo Governatore Uguccione della Faggiola. Intanto muore l'Imperatrice, e siccome l'Imperatore prolunga troppo il suo soggiorno nella città, così ne nascono mormorazioni e malumori, onde l'Imperatore stesso, temendo per la propria vita, fa lega con i pisani, i quali sono perciò bloccati e ridotti alle strette da un'armata che Roberto, Re di Napoli, conduce davanti a Porto Pisano. Il Papa e l'Imperatore consigliano ai pisani di costruire una flotta di 20 galee. I genovesi vengono a saperlo e ne sono grandemente irritati. L'Imperatore muore avvelenato[3], e cessa con ciò la prima protezione straniera alla Repubblica.

1312: è Abate del popolo Giovanni da Monticello, al quale succede Tommaso Tripaccio. Vien innalzata in quest'anno la torre della darsena.

1313: le fazioni tornano ad imperversare nella città; si cambia di nuovo il governo, creandosi un governo misto di 12 nobili e 12 popolani. Si pongono le lanterne alle torri del porto e cioè una alla torre del molo e l'altra alla torre di Co' di Faro, oggi "Lanterna".

1314 – 1315: nessuna notizia importante in questo biennio.

1316: è Abate del popolo Pasquale di S. Stefano. A quest'epoca esiste già una piccola Loggia dei Banchi (luogo pubblico per le trattative di affari).

1317 – 1318: nessuna notizia importante in questo biennio.

1319: i guelfi sono padroni della città; i ghibellini lo sono del contado, e stringono, in certo

---

1   Il titolo di Abate del popolo era in uso nel basso medioevo a Genova ed in altri comuni del nord Italia *(ndc)*.

2   Situato presso il Corno d'Oro *(ndc)*.

3   Per lungo tempo si prestò fede a tale versione, del tutto infondata; il decesso dell'imperatore fu infatti provocato da una malattia, probabilmente la malaria *(ndc)*.

qual modo, d'assedio la loro stessa patria. La torre di Co' di Faro (oggi "Lanterna") è tenuta dai guelfi, e siccome i ghibellini vogliono prenderla per fame, i guelfi la sussidiano giornalmente per mezzo d'un uomo entro una bussola di legno che scorre sopra una fune, tesa fra un albero di nave e la torre. Quell'uomo porta viveri e munizioni agl'assediati. ▶

Dopo due mesi di tali andirivieni i ghibellini se ne accorgono, ed allora scavano il terreno sotto la torre, puntellandola successivamente con legnami. Finito tale lavoro, fanno intendere la cosa agl'assediati, minacciando di togliere i sostegni e far precipitare la torre se essi non si arrendono tosto; la resa avviene immediatamente.

Finalmente Roberto, Re di Napoli, accorre in aiuto de' guelfi, e questi mettono la città sotto la sua protezione e sotto quella del Papa; e così per la seconda volta la Repubblica, in seguito alle troppe discordie de' suoi cittadini, perde la sua piena autonomia. Il governo si trasforma come segue: Governatore regio ed Anziani genovesi per la parte politica; Abate del popolo; Podestà per la giustizia criminale; Consoli per la giustizia civile.

I ghibellini intanto, uniti a tedeschi, francesi, pisani e monferrini, assediano la città dalla parte di terra, costruendo una bastia (fortezza di campagna) a M.te Peraldo (oggi "Bastia") ed un'altra a M.te S. Bernardo (oggi "Castellazzo"), mentre Corrado Doria la blocca dal lato di mare con 28 galee.

1320: stragi, saccheggi ed incendi di case in città. Il popolo, allarmato dal successo dei ghibellini, innalza tumultuariamente dei ripari di terra e di tavolati e di botti ai borghi di S. Stefano, S. Germano ed alla collina di Carignano. Una flotta di 68 galee guelfe saccheggia Albenga, che è ghibellina.

La Riviera di Levante, già rapita ai genovesi dai fiorentini, cade in balia di Lucca.

1321: i ghibellini, volendo vendicare il saccheggio di Albenga, attaccano da terra e da mare (con 18 galee) la città di Noli. Esce da Genova una flotta di 18 galee guelfe comandata da P.ro *(sic)* di Guano; avviene lo scontro presso Spotorno colla peggio di questi ultimi, che vi perdono 3 galee.

1322: nulla di importante.

1323: erezione della torre dei Greci alla punta del molo (v. Tavola XXXIX).

1324: nulla di importante.

1325: si fortifica la torre di Co' di Faro con muro di sotto, fosso e rivellino.

1326: nulla di importante.

1327: la calata in Italia dell'Imperatore Ludovico il Bavaro, diretto con grosso esercito su Roma, induce i genovesi a perfezionare le loro difese, innalzando una cortina fra le già fatte fortificazioni[4], nonché tre nuove torri: una a Luccoli, una all'Olivella, la terza a Capo di Carignano.

Re Roberto di Napoli, tornato a Genova, vede prorogata di altri 10 anni la sua protezione.

1328 – 1330: nulla d'importante.

1331: il Re di Napoli riesce a pacificare la città, messa a ferro ed a fuoco dalle fazioni, distribuendo le varie cariche fra le medesime. I genovesi di Pera, grati all'Imperatore, costringono il Re Orcane[5] dei turchi ed i suoi 280 vascelli a togliersi dall'assedio di Costantinopoli. È Abate del popolo, in Genova, Alberto di S. Martino.

1332: l'Ammiraglio Antonio Grimaldo, con 45 galee, combatte i corsari catalani ed il Re di Maiorca e Minorca[6], predandogli 5 galee e danneggiandolo sulle coste di Spagna.

▲ 1) Punto di vista della Tavola XXXVII.
2) Punto di vista della Tavola XXXVIII.
3) Punto di vista della Tavola XXXIX.

1333 – 1334: nulla d'importante.

1335: tumulti, dissensioni, sollevazioni. Il Governatore regio co' suoi 33 militi è cacciato perché dimostratosi troppo fazioso. Nuovo governo libero: Abate del popolo, Luchino da Pietrarossa; Raffaele Doria e Galeotto Spinola Capitani e Presidenti della città – Anziani.
Spedizione di 28 galee contro i catalani.

1336: pace coi Re di Napoli (Roberto), di Maiorca e Minorca e di Catalogna. Abate del popolo Benedetto dell'Arco.

1337: guerra con Venezia. L'Ammiraglio Francesco Marini, con 9 galee, ne assale 10 di Venezia, predandone 6. È Abate del popolo Giovanni di Favale.

1338: adunata di 20 galee a Genova e 20 a Monaco in servizio del Re di Francia.

1339: sollevazione contro i nobili. Istituzione del dogado.

---

4   La cortina è per l'appunto un muro edificato fra due torri *(ndc)*.
5   Il Sultano Orhan I. Va precisato che nel medesimo anno 1331 gli ottomani riuscirono a conquistare la città bizantina di Nicea *(ndc)*.
6   Giacomo III di Maiorca *(ndc)*.

COSTUME MILITARE

Non abbiamo dati sufficienti per stabilire qual fosse il costume militare dei genovesi in questi 38 anni. Probabilmente esso non era diverso da quello delle altre nazioni (si vedano comunque le Tavole XXXVII e XXXVIII). Ricordiamo poi che nel 1302 presero la croce anche 32 gentildonne genovesi, che si fecero fabbricare anche le rispettive corazze. Il Papa le ringraziò, ma le persuase pur anche a rimanere tranquille nelle loro famiglie.

LA MARINA MILITARE DELLA REPUBBLICA AL PRINCIPIO DEL SECOLO XIV

Fino ad ora, nelle varie circostanze nelle quali ci siamo trovati di rappresentare fatti di mare attinenti alla storia della Repubblica, sempre ci siamo tenuti ai disegni di galere ed altre navi dati dalle illustrazioni fatte in margine alle famose cronache genovesi, delle quali ci siamo largamente giovati nel procedimento di questa nostra qualsiasi istoria. Quei disegni, per quanto rudimentali essi si fossero, avevano tuttavia certe particolarità di forma, certe specialità di linee, che parlavano assai bene in favore della loro autenticità, onde noi non abbiamo esitato mai a servircene laddove era necessario il farlo. Di più: era facile anche il servirsene (e doveroso per noi il farlo) perché quei disegni, così rudimentali nello loro linee principali e così incerti e confusi o monchi in quelle secondarie, pur nondimeno collimavano quasi perfettamente con altri disegni di navi trovati in qualche bassorilievo o graffito dell'epoca, e non appartenenti alla storia di Genova; onde questi convalidavano quelli, ed in ultima analisi gl'uni e gl'altri non erano, infine, che la successione diretta delle forme usate dall'arte navale latina delle primissime epoche. Fin qui l'infanzia, per non dire l'ignoranza, dell'arte, obbligando l'uomo ad estrinsecare il suo pensiero artistico con pochi ed ingenui tratti, la sincerità rude del vero trionfava, e facile ne era la interpretazione. Ma oggi la cosa è assai diversa. Al punto a cui ora siamo venuti, cioè al principio del XIV secolo, l'arte riproduttiva ha fatto già qualche progresso nel senso di una maggior verità di linea, ma nel tempo stesso, e ben disgraziatamente, anche in quello di dare a queste linee una minor semplicità di direzione nei singoli dettagli, onde questi diventano più difficili ad essere interpretati colla sicurezza necessaria. Le cercare ampollosità di certi insiemi e le studiate e lambiccate sinuosità di certe curve rendono difficile la loro esatta interpretazione, onde occorre la massima accuratezza di studio per trarre il giusto vero in mezzo a tutte quelle esagerazioni. Occorre il confronto con altri ed altri disegni dell'epoca per arrivare a formarsi un giusto concetto del vero, e questo confronto noi lo abbiamo fatto amplissimamente e ne diamo i risultati nella Tavola XXXIX.

TAVOLE STORICHE E UNIFORMOLOGICHE

Note alle tavole a colori

Tutti i figurini pubblicati su questo libro sono opera di Quinto Cenni e fanno parte della collezione privata raccolta alla fine dell'ottocento dal Dott. H. J. Vinkhuijzen ora di proprietà della New York Public Library cui va tutto il nostro ringraziamento per la gentile concessione.

Ogni tavola ha subito una radicale pulizia grafica da graffi, segni e usure del tempo. Tutte le indicazioni riportate, quando presenti, si rifanno agli originali testi inseriti dall'artista ai piedi, a lato delle tavole o sul retro delle stesse. Nello specifico di queste tavole dedicate alla storia di Genova, segnaliamo che la raccolta conservata alla NYPL non era completa, mancando di alcune tavole, nonché di parte del testo del manoscritto che accompagnava le tavole.
Tutte le tavole disponibili sono presentate con la loro numerazione effettiva decisa dal Cenni.

TAV. VI

La flotta genovese, carica della sua armata, salpa in direzione sud - est alla volta di Roma, dove il Pontefice Giovanni VIII era tenuto prigioniero dal Duca di Spoleto, Lamberto.
Nella tavola sono ben visibili le principali caratteristiche del dromone, come i tre alberi a vela quadra, il cassero di poppa e il castello a prua.

TAV. X

I trombettieri delle Compagnie, o Compagne, cittadine riuniti dinanzi alle mura di Genova. Dalla tromba pende il drappo della rispettiva Compagnia; alcuni di loro recano anche lo scudo con i colori del proprio rione.

1) Trombettiere della Compagnia di Castello. 2) Trombettiere della Compagnia di Castello. 3) Trombettiere della Compagnia di Piazzalunga. 4) Trombettiere della Compagnia di Macagnano (situato dietro i due trombettieri di Castello). 5) Trombettiere della Compagnia di San Lorenzo. 6) Trombettiere della Compagnia di Porta. 7) Trombettiere della Compagnia di Soziglia. 8) Trombettiere della Compagnia di Borgo. 9) Trombettiere recante il drappo del comune di Genova.

TAV. XIV

Alcuni crociati genovesi escono dalla Basilica di San Siro, dopo aver preso la croce; essi sono preceduti da due Vescovi, che benedicono il popolo acclamante.
Il milite in primo piano, rivolto verso il popolo, indica con orgoglio la croce rossa collocata sulla sua spalla destra. Dietro i Presuli svettano gli stendardi di alcune Compagnie cittadine, mentre all'ingresso della Basilica si intravede lo stemma recante la croce rossa in campo bianco.

TAV. XVI

Nell'ottobre del 1097 seicento crociati genovesi marciano alla volta di Antiochia, accompagnati da un centinaio di uomini comandati dal principe Boemondo d'Altavilla, che diverrà in seguito Principe di Antiochia.

La maggior parte di loro sono appiedati e sprovvisti di una cavalcatura; ben visibile, sulla loro spalla destra, la croce rossa. Al centro della tavola e ai due lati, sullo sfondo, sono visibili alcuni cavalieri dell'Ordine dell'Ospedale di San Giovanni in Gerusalemme, riconoscibili dal loro blasone, la croce bianca in campo rosso.

TAV. XIX

L'accampamento della spedizione genovese, al comando di Guglielmo Embriaco, è stanziato presso Gerusalemme, durante l'assedio che la città dovette sostenere tra il giugno e il luglio del 1099. Sulla sinistra, in primo piano, alcuni uomini stanno conducendo al campo un prigioniero, mentre sullo sfondo sono chiaramente visibili alcune macchine ossidionali.

Sulla destra, il soldato a cavallo regge uno scudo che reca lo stemma della Compagnia (o Compagna) di Castello, mentre il cavaliere al centro della scena regge il vessillo della famiglia Embriaci.

TAV. XXIII

La città cogl'ultimi ingrandimenti (1159) ed il porto cogl'ultimi abbellimenti (1163 - 1164). Vi si notano numerose navi da carico e da guerra e galee (1155 - 1191). Sulla sinistra prima della scogliera oggi vi è Via Solferino e via da Prè. Dietro il pittore annota il colle di Montesano e monte Fasce Vi si scorge poi il campanile di san Siro e la porta di Vacca.

TAV. XIX

Il sistema difensivo di Porta Soprana (o di Sant'Andrea). In alto a destra E' rappresentato Drudo Marullino, sesto Podestà di Genova, nell'anno 1196.

1) Porta in stato di pace.
2) Porta in stato di difesa.
3) Torrione armato e guarnito di balestrieri.
4) Balestrieri pronti al tiro situati sopra la Porta.
5) Balestrieri situati sopra un torrione.)
6) Piantina della Porta e dei suoi dintorni.

TAV. XXV

Repubblica di Genova: Manegoldo del Tettuccio, cittadino bresciano e primo Podestà di Genova, nel 1191, cavalca per le vie della città ligure, seguito dai militi che egli ha condotto con sé per svolgere al meglio il suo incarico.

TAV. XXVI

Il Podestà Lazzaro Gherardini, cittadino lucchese, tiene un discorso di incoraggiamento dinanzi all'assemblea delle Compagnie cittadine, presso Campo Sarzano (1227).

Nel 1226 le città di Savona e di Albenga, supportate dal Marchese del Carretto, si ribellarono a Genova ed invocarono la protezione del Conte Tommaso I di Savoia, Vicario imperiale di Federico II. In tale frangente, Gherardini seppe gestire la situazione con abilità e decisione: sconfitto Amedeo di Savoia, figlio e successore del Conte Tommaso, riuscì in breve tempo a domare le città rivoltose, alle quali venne imposto il mantenimento di una guarnigione genovese. Nella tavola sono rappresentati il Podestà Lazzaro Gherardini, al centro, nell'atto di arringare l'assemblea delle Compagnie, attorniato da fanti, trombettieri e portastendardi delle medesime. Sullo sfondo, sempre al centro, è visibile il lato interno della Porta Soprana, o di Sant'Andrea.

TAV. XXVII

Riunione dell'esercito formato dagli uomni provenienti da Genova, Milano e Piacenza in Val Polcevera (1240).

1) Nobile Vivaldi. 2) Nobile Ravaschieri.
I suddetti personaggi sono i capisquadra di militi dello stato, coi loro valletti ed alfieri (ai n. 6 e 7). 3) Ufficiale dei balestrieri della città. 4) Ufficiale degli uomini delle podesterie. 5) Militi dello stato. 8) Uomini delle podesterie. 9) Militi di Piacenza. 10) Militi di Milano.

Nel fondo si vede il Convento delle monache situato presso Fegino.

TAV. XXIX

Uomini della leva in massa riuniti a Campo Sarzano (luogo solito di riunioni popolari) nel 1241. Come è descritto nella cronaca di Bartolomeo Scriba, contemporaneo, essi sono armati come si poteva e vestiti dei loro panni stracciati, con sopra disegnate a colori le armi (stemmi) della rispettive Compagnie.

1) Arciere della Compagnia della Porta. 2) Balestriere della Compagnia di S. Lorenzo. 3) Pavesario della Compagnia di S. Lorenzo. 4) Balestriere della Compagnia di Piazzalunga. 5) Arciere della Compagnia di Porta Nuova. 6) Fante della Compagnia di Macagnano. 7) Fante della Compagnia di Soziglia. 8) Fante della Compagnia di Palazzolo o Castello. 9) Fante della Compagnia del Borgo.

TAV. XXX

La flotta di Genova sfila dinanzi al porto della Repubblica.

Si vede nello spazio intermedio la città di Genova, con di dietro la Valle del Bisagno, ed al di là di questa il Monte Fasce. Il Colle di Carignano, al di là del quale va a fermarsi la flotta (e non ancora abitato) è coperto alla vista dalla prima sezione della flotta medesima, la quale presenta le navi della Compagnia di Macagnano, mentre quelle di prospetto sono le navi della Compagnia del Borgo. Le galee hanno sulla punta di prora l'insegna del rispettivo proprietario, o comandante.

1243

TAV. XXXI

Attacco delle Compagnie a Savona (19 aprile 1243). Mai, come in questo fatto, è stata precisata dalle cronache genovesi la vera natura della milizia delle Compagnie, e perciò ne abbiamo fatto tema di questa tavola. La milizia delle Compagnie era realmente indipendente da qualunque altra milizia della Repubblica e costituiva una specie di riserva, alla quale non si ricorreva altro che in casi speciali. In questa circostanza esse Compagnie andarono all'assalto di Savona formate nel modo consueto di questi tempi, e cioè con la fanteria nel mezzo della linea di battaglia, la cavalleria divisa alle ali ed i balestrieri sparsi sul fronte. Ogni Compagnia aveva un determinato punto della città da assalire. Noi raffiguriamo nella nostra tavola la Compagnia di Platealonga (bianco con blu in palo), all'estrema destra della linea di battaglia e rasente il mare. La Compagnia, formata come sopra abbiamo detto, procede all'attacco avendo in rango le proprie bandiere e banderuole, ed in testa, dopo i gruppi dei balestrieri, il proprio comandante con il vessillo proprio, quello della città ed i trombettieri.

79

TAV. XXXIII

Le navi genovesi ad Aigues Mortes per trasportare in Africa i crociati francesi.
1) Galea di Roccatagliata.
2) Galea di Lercari (si conoscono dalle rispettive bandiere).
3) La nave Santa Maria (da un'incisione francese).
4) La Porta delle Cordigliere di Aigues Mortes (da una fotografia riprodotta nella rivista 'Illustrazione Italiana', n. 35, 1893, p. 131). In Francia è comune opinione che le vaste saline (depositi di sale) che ora si trovano tra Aigues Mortes ed il mare non esistessero nel secolo XIII, e che il mare toccasse le stesse mura della cittadella, le quali mura sarebbero state erette sotto il regno di S. Luigi medesimo.
5) Galea reale francese (dal Dally, "*France Militaire*").
6) 6 navi da carico genovesi e barche francesi e genovesi animano la scena.

TAV. XXXIV

Inseguimento della squadra provenzale nel Mar Tirreno (maggio 1273). Nel primo piano si vede la galea Spinola. Essa porta il nome di S. Oberto sui fianchi e l'immagine del Santo nella poppa. La galea adopera promiscuamente le vele ed i remi per accelerare il proprio movimento. La galera è ricchissima d'ornamenti, come usava a questi tempi. Nella nostra galea noi non abbiamo messo il padiglione sul castello di poppa perché nessuna descrizione di cronista ci ha finora autorizzato a metterlo. Si dice sempre "castello per combattimento", onde è ovvio il ritenere che non vi fosse padiglione. Il Dally, dando il disegno della Santa Maria genovese ad Aigues Mortes (si veda la tavola XXXIII), non mette nemmeno esso il fanale sul padiglione di poppa di questa nave, né lo mette affatto un quadro esistente al Museo Civico di Genova, che rappresenta la città ed il porto colle galee e le navi da carico, quantunque le galee di questo quadro non appariscano galee da combattimento, perché provviste del padiglione coperto da gran panneggiamento. Le galere provenzali che si vedono fuggire in lontananza sono disegnate sul tipo dato dal Dally. Sullo sfondo, a sinistra, si possono vedere altre galee genovesi.

TAV. XXXV

La flotta genovese, comandata dall'Ammiraglio Lanfranco Pignattaro, sfila davanti a Napoli, trascinando la bandiera del Re (Carlo d'Angiò) sulle onde, a di lui ludibrio, e cantando le lodi di Genova.

In primo piano (n. 1) mettiamo una galera che attribuiamo alla famiglia Avogadro di Genova, come si scorge dalla banderuola puntata sullo sperone. La seconda, che ha già virato a sinistra, l'attribuiamo alla famiglia Mallone (n. 2). Le galee governano soltanto a remi, onde moversi a piacimento. In fondo, nel centro, il colle Echia, oggi Pizzofalcone (n. 3); a sinistra il castello dell'Ovo (n. 4); nel fondo lontano la riva di Posillipo; a destra, infine (n. 5), una torre che esisteva ancora nel 1751 e, più a destra e fuori dal quadro, il palazzo reale ecc.

TAV. XXXVI

Battaglia della Meloria (6 agosto 1284). Nella tavola sono rappresentati i combattenti genovesi nell'ordine di battaglia da essi tenuto, ovvero Genova al centro, a destra le galee ripuarie della Riviera di Ponente, intramezzate dalle prime 4 Compagnie della città di Genova, ed a sinistra le galee ripuarie della Riviera di Levante, intramezzate da quelle delle ultime 4 Compagnie di Genova. Nel dettaglio, i combattenti per Genova sono i seguenti: 1) Balistari di Ianua (Genova). 2) Balistari di Saona (Savona). 3) Fantes a lanceis longis (fanti dalle lunghe lance) di Stella. 4) Balistari di Varagine (Varazze). 5) Balistari di Naulo (Noli). 6) Balistari di Finario (Finale). 7) Balistari di Albignana (Albenga). 8) Balistari di S. Laurenti (Comp.a di S. Lorenzo). 9) Balistari di Porto Mauricio (P. Maurizio). 10) Balistari di Vintimilio (Ventimiglia). 11) Balistari di Cravexana (Clavesana). 12) Fantes a lanceis longis (fanti dalle lunghe lance) di Gavio (Gavi). 13) Balistari di Portae (Comp.a genovese della Porta).14) Balistari di Clavari (Chiavari) 15) Balistari di Luni (Sarzana). 16) Balistari di Rapalli (Rapallo). 17) Balistari di Portae Novae (della Comp.a genovese di Porta Nuova).18) Balistari di Burgi (della Comp.a genovese del Borgo).

1290

TAV. XXXVII

Autorità, cavalieri e militi della Repubblica di Genova nell'ultimo quarto del secolo XIII. La veduta è presa dal sud della città, stando presso a poco in un punto del Colle di Carignano che corrisponde a circa la metà dell'attuale Via Fieschi, e guardando verso nord. Facendo astrazione dalle numerose case oggi esistenti in questa località, ed immaginando che essa sia, invece, coperta di piante, si può figurarla (come abbiamo fatto noi) colle torri dell'antica Porta Soprana, alte e fiancheggiate da palazzi e palazzine nello stile dell'epoca; cioè con molte loggie, finestre bifore, torri ecc. A sinistra ergesi la chiesa di S. Ambrogio. Al di là di questa, a sinistra il campanile di S. Lorenzo, a destra la torre del Palazzo della Liguria, entrambe ancora in via di costruzione; più indietro una macchia verde rappresenta il Colle dell'Oregina e, più oltre, le propaggini di destra dell'eccelso "sperone" espongono i loro fianchi erbosi alla piena luce del sole. (continua a pag. 87)

TAV. XXXVIII

Cavalieri, militi e fanti della Repubblica di Genova (1300 - 1339). Il fondo di questa tavola è preso presso a poco dal sito occupato dal demolito castello di ponente di Sarzano, guardando verso levante, o meglio nord-est. una veduta ideale, ma sopra basi certe quali sono quelle indicate di seguito, ovvero, cominciando da sinistra, la Torre degl'Embriaci, il campanile di S. Maria della Vigna, il campanile di S. Lorenzo (non ancora terminato di costruire), la nuovissima torre del Palazzo della Signoria; tutte costruzioni tuttora esistenti, ed ognuna collocata al suo preciso posto. In lontananza poi si erge, al disopra della detta torre, il monte Peralto, colla bastia costruttavi dai ghibellini ai danni della città; e più indietro quello, pure costrutto dai medesimi, sul Monte S. Bernardo (o San Bernardino), poco distante dal Castellazzo. Venendo alle figure, si vedono: al n. 1 ed al n. 2 i due nobili genovesi Zaccaria e Lomellino in tenuta di crociati, cioè colla bisaccia al fianco ed il bordone in mano, e coperti d'arme come erano in uso generalmente nel primo quarto del secolo XIV. (continua a pag. 87)

TAV. XXXIX

I vari tipi della marina da guerra genovese ed il porto di Genova nell'anno 1310 circa.
1) Coffa di trinchetto con un balestriere del luogo di Varaggine (Varazze), verde con V rossa. La coffa appartiene ad un galeone. 2) Galeone a due alberi; nel fondo altri tre galeoni in diverse posizioni ed a due o tre alberi. Questi galeoni sono presi da un quadro esistente nel Museo Civico di Genova, e che porta la data del 1319. Che tale data sia veramente quella della composizione del quadro a noi sembra alquanto difficile; anzitutto perché ci sembra che nel 1319 l'arte della pittura non fosse tanto avanzata, e poi perché nello stesso Museo vi é pure un altro quadro di consimile soggetto (veduta dal porto di Genova) colle stesse navi, cioé con navi dello stesso tipo, ma portante la data del 1410. Noi saremmo quindi del parere che anche il primo quadro appartenga a questa seconda data; ma, poiché non abbiamo esempi né ragioni abbastanza forti per appoggiare questi nostri dubbi... Continua a Pag. 88

Continua.. **Da pag. 84:** 1) Podestà (non dev'essere genovese, come si vede dallo scudo che non è genovese).

2) Capitano del popolo (della famiglia Doria, o Auriae). 3) Capitano del popolo (della famiglia Spinola). 4) 4 militi del seguito del Podestà. 5) 4 militi del seguito della famiglia Doria. 6) 4 militi del seguito della famiglia Spinola. 7) Portastendardo di S. Giorgio. 8) Paggio del Podestà. 9)Paggio della famiglia Doria. 10) Paggio della famiglia Spinola. 11) Cavaliere della famiglia Embriaci. 12) Cavaliere della famiglia Grillo. 13) Cavaliere della famiglia Cibo. 14) Cavaliere della famiglia Archanto. 15) Cavaliere della famiglia Grimaldi. 16) Cavaliere della famiglia Lercari. 17) Cavaliere della famiglia Boccanegra. 18) Cavaliere della famiglia de Mari. 19) Cavaliere della famiglia Giustiniani. 20) Cavaliere della famiglia Vento. 21) Cavaliere della famiglia de Nigro.

Sulle figure che coprono questa tavola null'altro abbiamo da dire se non che esse sono vestite ed armate nel costume dell'epoca, cioè con grande estensione ed atta alla rappresentazione dei singoli stemmi, soggiungendo solamente che dei due stemmi della casa Spinola, noi ci siamo tenuti a quello rosso e bianco e collo spino in mezzo, perché lo giudichiamo più antico dell'altro, ora comune, che rappresenta lo spino (spino o spinola da botte) in fondo d'oro con una fascia a scacchi rossi e bianchi. Così pure alla famiglia Vento (già estinta da molto tempo) abbiamo assegnato lo stemma a scacchi neri e bianchi, capeggiato da un cielo cosparso di nuvole, cacciate dal vento, invece dell'altro, più antico, composto di soli scacchi neri e bianchi, tenendoci in questo al consiglio datoci dall'illustre Marchese segretario dell'Istituto Araldico Genovese. Infine, per quanto riguarda il vessillo di S. Giorgio, non avendo a nostra disposizione un disegno autentico dell'epoca, ci siamo tenuti alle varie immagini che se ne trovano in Genova e che più o meno fedelmente lo riproducono.

Da pag. 85: Fra i cavalieri genovesi che loro stanno intorno abbiamo messo il de Marini al n. 5 ed il Malaspina al n. 6, entrambi in tenuta di città; il primo con lungo paludamento (mantello) e piccola cervelliera, il secondo in beretta e surcotto succinto. Al n. 10 si trova un tedesco, portastendardo del protettorato imperiale; al n. 11 un francese, portastendardo del protettorato angioino, cioè del Re di Napoli, Roberto d'Angiò. Ai numeri dal 12 al 19 abbiamo rappresentate le famose 8 Compagne (o Compagnie) della città, mentre al n. 20 abbiamo voluto figurare un fante, a lunga lancia, di Varese, il quale è un paese di montagna che sta al confine del parmigiano. Infine richiamiamo l'attenzione sulla prima prova, che si fa in questo fratto di tempo, delle piastre d'acciaio messe in varia foggia a guardia delle membra ed ed al disopra od in luogo delle antiche maglie. Le figure 1, 2, 3, 8, 10 ed 11 della tavola ne danno una chiara rappresentazione, e proseguiranno in seguito sempre più pienamente con molto vantaggio dell'arte pittorica, che avrà modo di sbizzarrirsi ancor più mediante l'armonico intreccio dei vividi colori delle stoffe, in artistico contrasto colle luci più o meno vive e coi riflessi degl'acciai, degl'ori e degl'argenti. Le maglie d'acciaio non saranno ormai più che un semplice complemento, un piccolo e necessario *"trait d'union"* fra il massiccio delle piastre e la mollezza delle vesti.

1) Benedetto Zaccaria (già Ammiraglio di 30 galee alla Meloria) che parte per la Terrasanta, con bordone in mano e tasca in bandoliera (1302).

2) Iacopo Lomellino che parte per la Terrasanta, con bordone in mano e tasca in bandoliera (1302).

3) Cavaliere della famiglia Fieschi.

4) Cavaliere della famiglia de Camilla.

5) Cavaliere della famiglia de Marini.

6) Cavaliere della famiglia Malaspina.

7) Cavaliere della famiglia Morchio.

8) Cavaliere della famiglia de Cattaneo.

9) Milite portastendardo della Repubblica.

10) Milite portastendardo del protettorato imperiale (1311 - 1312).

11) Milite portastendardo del Re di Napoli, Roberto d'Angiò (1319 - 1335).

12) Balestriere della Compagnia di Portae Novae.

13) Balestriere della Compagnia del Borgo (Burgi).

14) Balestriere della Compagnia di Maccagnano.

15) Balestriere della Compagnia di S. Lorenzo (S.ti Laurenti).

16) Balestriere della Compagnia di Plateae Longae.

17) Balestriere della Compagnia di Porta.

18) Balestriere della Compagnia di Zoziglia.

19) Balestriere della Compagnia di Palazzolo (o Castri).

20) Fante a lunga lancia del luogo (paese) di Varese, sopra la Riviera di Levante.

Da pag. 86: forza è che ci sottomettiamo e che accettiamo - in mancanza di prove in contrario - questi galeoni per la data del 1319 anziché per quella del 1410.

3) Galea da guerra con tappeto padronale della casa Lercara, cioè comandata, oppure di proprietà, della famiglia di questo nome.

4) Galea da parata o passeggio con tappeto e banderuola della casa Cibo.

5) Galea da guerra senza tappeto ma con banderuola della casa Zaccaria.

In quanto alle galee dobbiamo ripetere che anche le galee, così disegnate come sono nel quadro suddetto del 1319, non ci soddisfano gran fatto, sembrandoci prematura la loro forma. E poiché esse sono ripetute tal quali nell'altro, pur suddetto, quadro del 1410, così saremmo tentati di rimandarle a quest'ultima data. Ma anche i studiosi di archivi e musei devono avere una certa disciplina e perciò noi - in omaggio a tale disciplina - accoglieremo queste galee del 1319 e le daremo, e le diamo infatti, sotto questa data.

6) Grossa barca a remi. Sparse poi nel porto e nel golfo si vedono altre barche a remi ed alla vela.

In quanto al fondo di questa tavola, ripetiamo che esso rappresenta il porto di Genova quale era a quest'epoca, secondo il quadro del 1319 da noi già ricordato. In primo piano a destra si vede il vecchio molo coi due torrioni, i quali, forse, seguono i vari prolungamenti subiti dal molo stesso, mentre a fianco del medesimo e fra i detti due torrioni si erge la Torre detta "dei Greci". Di contro al molo, e sporgente al centro della tavola, scorgesi la torre ed il vicino caseggiato con torrioni, detto da tempo immemorabile Co' di Faro, ed il quale sta al posto ove oggi si trova la tanto celebre Lanterna. Nello sfondo vedonsi lontane le colline che separano Genova dal letto della Polcevera, ed al di là di queste gl'Appennini liguri che scendono al mare.

Repubblica di Genova. Fantaccini tardo XV secolo

Repubblica di Genova. Fantaccini 1510

APPENDICE TAVOLE
SULLE CROCIATE

Frontespizio dell'albo dedicato agli ordini equestri-religiosi-militari realizzato da Quinto Cenni nel 1904. La NYPL library ha conservato un totale di sette tavole (col frontespizio) dedicate tutte all'ordine giovvanita od ospitaliere (e poi cavalieri di Malta).

Abbiamo deciso di inserirle qui come appendice ideale alle tavole delle crociate fatte dai genovesi.

1100-1200 vascello ospitaliere con i cavalieri dalla croce bianca su fondo rosso.

1100-1200 Cavalieri ospitalieri escono dalla porta di Damasco con tutti gli stendardi al vento dietro al Gran Maestro dell'ordine

1100-1200 cavalieri crociati in battaglia.

1100-1200 La partenza dei fratelli cavalieri da Acri

1169-1310 Gli stemmi dei Grandi maestri degli ordini cavallereschi, nei due riquadri
De Moulin - De Reyel.

1100-1200 Cavalieri di vari ordini militari-monastici

INDICE:

*

BIBLIOGRAFIA ESSENZIALE:

- Gino Benvenuti, Storia della Repubblica di Genova, Milano, Mursia, 1977.
- Giunio Carbone, Compendio della storia ligure : dall'origine fino a 1814, Genova, 1836-1867.
- Teofilo Ossian De Negri, Storia di Genova, Firenze, Giunti, 2003
- M. Dolcino, Storia di Genova nei secoli. Duemila anni di civiltà ligure, Genova, Pirella 1974
- Federico Donaver, Storia di Genova, Renzo Tolozzi Editore
- Ugo Formentini, Genova nel Basso Impero e nell'Alto Medioevo, Milano, Garzanti 1941
- Enzo Marciante, Storia di Genova, Sagep Editore, 1973.
- Giuseppe Meloni, Genova e Aragona all'epoca di Pietro il Cerimonioso vol. 1, Padova 1971
- Aldo Padovano, Felice Volpe, La grande storia di Genova, Genova, Artlibri, 2008.
- G. Serra, La storia della antica Liguria e di Genova, Capolago, Tipografia Elvetica, 1835.

QUADERNI CENNI

Prestigiosa serie di 20 volumi per veri collezionisti; basata sulle prestigiose immagini realizzate nell'arco di una vita dal più grande pittore militare e uniformologo Quinto Cenni. Questi quaderni spaziano a gran parte degli stati pre-unitari italiani e non solo. Libri realizzati nel formato 20,5 x 25,5 composti da 100/150 pagine a colori e le tavole a piena pagina ed un prologo a commento delle uniformi trattate e della vita di Quinto Cenni. La serie si completerà nel corso del 2016.

www.ingramcontent.com/pod-product-compliance
Lightning Source LLC
Chambersburg PA
CBHW041147120626
46547CB00020B/3140